_____ 님의 소중한 미래를 위해

이 책을 드립니다.

아
들
아,
사랑한다
믿는다
응원한다

아들아, 사랑한다 믿는다 응원한다

상담학자 아버지가 아들과 나눈
진솔한 교감의 편지

권수영 · 권다함 지음

초록북스

우리는 책이 독자를 위한 것임을 잊지 않는다.
우리는 독자의 꿈을 사랑하고,
그 꿈이 실현될 수 있는 도구를 세상에 내놓는다.

아들아, 사랑한다 믿는다 응원한다

초판 1쇄 발행 2025년 4월 1일 **| 지은이** 권수영·권다함
펴낸곳 (주)원앤원콘텐츠그룹 **| 펴낸이** 강현규·정영훈
등록번호 제301-2006-001호 **| 등록일자** 2013년 5월 24일
주소 04607 서울시 중구 다산로 139 랜더스빌딩 5층 **| 전화** (02)2234-7117
팩스 (02)2234-1086 **| 홈페이지** matebooks.co.kr **| 이메일** khg0109@hanmail.net
값 17,000원 **| ISBN** 979-11-6002-931-4 03180

"외부를 보는 사람은 꿈을 꾸지만,
내부를 보는 사람은 깨어난다."

• 칼 융(스위스의 정신분석학자) •

아
들

어쩌다 군 복무중 아빠에게 편지를 썼다.

이전까지 내게 고찰은 늘 '굳이'였다.

이 모든 건 '굳이'이다. 어차피 시간이 흐르면서 다 한 번씩 밟아볼 계단들인데 '굳이' 하나씩 의미를 파헤쳐가면서 곱씹어볼 필요는 없다고 생각했다.

삶을 살아가기에도 바쁜 와중에 감정에 지배되어 제자리에 머물러 고민에 갇혀 사는 건 사치라 여겼다. 그저 순리대로 흘러가면 고찰 없이도 경험을 토대로 자연스레 내 마음에 조금씩 정착하는 것이 식견이고 통달이다.

'낭-만'이란 '낭'비에서 얻는 '만'족! 낭비로 만족을 얻기 쉽지 않다. 거기다 젊음까지 더해지면 무모하기까지 하다.

하지만 본디 낭만이란 손해에서 비롯되고, 낭만이 지속되는

한 청춘이다.

제자리에 강제로 머무르는 1년 6개월의 시간 동안 내가 평소

에 생각하던 '굳이'부터 내 안에 숨어 있던 '굳이'들까지 모든

'굳이'들을 굳이굳이 꺼내보려 했다. 먼 훗날의 내가 이 '굳

이'들을 보고 청춘의 자산이라 느낄 수 있게.

2025년 3월

아들 권다함

아빠

내 볼살을 꼬집었다.

훈련소 이후 전화 한 통도 없던 아들에게서 카카오톡 편지가

왔다. 꽤 길다.

골프 동호인들이 자주 하는 농담이 있다. 드라이버 샷과 아들

의 공통점은? 살아 있기만 하면 오케이!

세대 간 소통, 자녀 양육 주제로 전국을 누비면서 강연을 해

대는 나도 아들과 속 깊은 이야기를 하기란 결코 쉽지 않은

일이었다.

고등학교 3년을 미국에서 보낸 아들과 점점 더 소통이 어려

워졌다. 내가 미국에서 유학생활을 하던 중 태어난 아들은 미

국 시민권자다. 병역 의무를 피하기 위해 만 18세가 되는 해

에 한국 국적을 포기하는 사람들도 있지만, 아들은 한국 사람으로 살겠다면서 그런 선택을 하지 않았다.

시민권자가 왜 군대를 가냐며 비아냥거리는 주변 사람들을 뒤로 하고 담담하게 군대에 입대한 아들에게 나는 별다른 도움을 줄 수 없었다.

내가 입대할 시절에는 2대 이상 독자이면 6개월간 단기사병으로 복무하는 혜택이 있었다. 나는 3대 독자여서 군 생활을 자택에서 출퇴근하며 6개월 만에 마쳤다. 최전방 부대로 배치받은 4대 독자 아들에게 나는 더더욱 도움말을 줄 작은 정보도, 경험상 지혜도 전혀 없었다. 드라이버 샷처럼 그저 건강하게 살아 있기만을 바랄 뿐!

아들은 외부와 단절된 최전방 부대의 깊은 산 속에서 첫 편지를 썼다. 자신의 마음속 생각들, 고민들, 그리고 나름의 해법들을 용기 있게 꺼내보는 실험 같았다.

그런 아들의 실험에 나는 함께 동참하고 싶었다. 아들에게 제시할 정답을 내가 안다는 이유로 나선 것은 결코 아니었다. 그저 아들의 마음속 여행의 동반자가 되고 싶은 마음이 컸다. 아들과의 소통이 쉽지 않아 안타까워하는 이 땅의 많은 아버지들 생각도 났다.

그래서 더욱 이왕이면 구석구석 마음속 여행을 함께 하고 싶었다. 평소엔 잘 가지 않는 마음속 음지와 음산한 습지도 함께 가면 좋을 듯싶었다. 다행스럽게 아들의 편지는 계속되었고, 내겐 스마트폰에 보이는 한 글자 한 글자가 영롱한 진주 같이 귀하게 다가왔다.

지극히 사적인 편지들과 부자간의 마음 여행을 책으로 출간 해준 초록북스 관계자분들께 감사의 마음을 전하고 싶다.

2025년 3월

아버지 권수영

차례

첫 번째 편지

"

어른이 되면
변화를 두려워하지 않을 수 있을까요?

"

아들

아빠,

편지가 많이 늦었죠? 결코 끝나지 않을 것 같던 긴 겨울이 어느새 가고 계절이 바뀌어 강원도에도 봄이 왔어요.

아빠, 그거 아세요? 벌써 제가 입대한 지 반년이 넘었어요. 비율로 따지면 복무일의 삼분의 일 넘게 철원에서 보냈네요. 과장 조금 보태서 입대한 날이 정말 엊그제 같아요. 제 체감상 시간이 이렇게 빨리 지나갈지 상상도 못했어요. 선임들이 지

금은 시간이 빨리 가도 나중에 상병으로 진급하고 나면 시간
이 확 느려질 거라고 말씀하시더라구요.

보통 대한민국 남성들이 입 모아서 "시간이 제일 안 간다는
곳이 바로 군대"라고 하잖아요? 그런데 저는 왜 이렇게 시간
이 빠르게만 느껴지고, 앞으로도 그렇게 느껴질 것 같을까요?
그리고 요즘에는 시간이 빨리 흘러가는 게 왜 이리도 두려워
지는 걸까요? 시간이 잠시 멈추면 좋겠다 싶을 정도로요.

갑자기 이런 두려움의 시작점을 알고 싶어졌어요. 위병소 근
무를 서면서 바라보았던 문 밖의 새하얗고 무채색이었던 설
산의 풍경이 어느새 무성하게 자라난 식물들과 푸르름만 보
이는 풍경으로 너무도 갑작스레 바뀌었기 때문일까요? 그래
서 눈앞에 광활하게 펼쳐진 계절의 변화에 시간의 속도가 피
부로 체감되었기 때문일까요?

눈앞에 펼쳐진 일 년 중 잠시 볼 수 있는 가장 예쁜 벚꽃을 품
은 풍경 속에, 가장 푸르고 멋질 나이의 제 세대 아이들이 젊
음을 뽐내고 어우러져 있는 모습이 보여 왠지 이유모를 시샘
이나 초조함을 느낀 건지도 모르겠네요.

저도 모르게 정말 문득문득 많은 생각들에 잠겼습니다. 그리고 아빠에게 묻고 싶은 수많은 질문들이 머릿속에 밀려왔어요. 그래서 이렇게 소생의 계절인 봄이 되고서야 장문의 편지를 씁니다.

제가 개인적으로 생각하는 진정한 어른이 되는 일차적인 요소는 '변화를 두려워하지 않는 것'이라 생각해요.
저를 포함해서 모든 사람은 당연히 날 때부터 죽을 때까지 불가피하게도 수없이 크고 작은 변화에 노출되겠지만, 청년이 된 지금 제 마음속에 은밀하게 자리 잡고 있는 변화에 대한 두려움을 얘기하고 싶었어요. 그것에 대한 아빠의 경험과 생각도 듣고 싶고요.

고등학교 1학년 때부터 혼자 타지에서 유학생활을 시작했던 저는 남들이 봤을 때 환경적으로 비교적 많은 변화와 다양한 경험에 노출되었던 것 같아요. 사실 지금 생각해보면 6년 전의 어린 제가 그 변화를 잘 견뎠다는 것이 참 뿌듯하기도 해요.
하지만 저는 알아요. 전 아직 6년 전에 그대로 머물러 있는

것 같아요. 매일 새로운 듯 보이지만 항상 반복적인 일상, 손
을 뻗으면 닿을 듯 매일 보는 얼굴들에 둘러싸여 살았던 것
같아요. 내 자신이 굳이 대단하게 주체적이지 않아도 모두가
나와 같은 길을 향해 같은 속도로 나아갔을 때, 또는 그렇다
고 생각했던 때, 이 모든 것이 내일도 그냥 변화 없이 지속될
거라는 막연한 확신이 그저 당연했던 때였던 것 같아요.

홀로 타지생활을 하던 중에 코로나19라는 역병이 터져 타인
과의 대면 접촉이 몇 주를 넘어 몇 달, 결국 몇 년 동안 일체
단절되었음에도 아무렇지 않았던 경험도 기억나요. 오히려
그 상황을 즐길 수 있었던 것은 바로 내일도 별다른 변화 없
이 지내게 될 거라는 저의 순진한 확신이거나 아니면 그냥 무
지 때문이었겠지요.
하지만 이제는 전역하고 나면 맞닥뜨리게 될 미래의 변화가
결코 만만하지 않다는 걸 인정하고 받아들이는 과정중에 있
는 것 같아요. 하지만 제 마음 깊은 곳에서 마냥 변화를 외면
하고 싶어 내일도 별일 없을 거라고 호소하는 마음속 어리광
을 무시하기가 힘드네요.

아빠! 과거에 머물지 않고 나아갈 줄 아는 사람, 영원한 건 없다는 걸 받아들이는 사람, 일희일비하지 않고 미래의 변화에 대응하는, 아니 변화가 가져올 위기를 담담히 맞이할 줄 아는 사람, 그게 바로 진정한 어른이잖아요. 그런 사람이 되면 제가 원하는 어른이 되는 여정에 첫걸음이 될 것 같아요. 전 아직 먼 것 같지만요.

아빠에게 자문을 구하기보단 아빠의 경험은 어떤지, 생각은 어떤지 궁금해 여쭈어봐요.

제가 아는 첫 번째 진정한 어른에게
아직은 많이 어린 아들 다함 드림

아
빠

사랑하는 아들에게,

자주 연락을 못 받아서 약간 걱정은 했다만, 네 편지를 받고 나서 얼마나 날아갈 듯 기쁘고 감격했는지 모른다. 그리고 한 편으로 너의 마음속 깊은 생각과 고민을 듬뿍 담은 장문의 편지여서 아빠는 아주 긴 호흡을 가지고 읽었단다.

사실 몇 번을 읽으면서 네 마음속 느낌을 있는 그대로 이해해 보려고 나름 노력했어. 다들 군대시계는 더디 간다는데, 우리

아들은 시간이 빨리 가는 듯 느끼면서도 마냥 즐겁지만은 않다고 하니까, 그 묘한 기분을 충분히 느껴보려고 했지.

네 말처럼 어른이 되어가는 과정은 내일에 대한 아무런 걱정 없이 그저 매일을 즐겁게 살기만 하면 되었던 어린 시절에서 서서히 벗어나는 일인지도 모르겠다. 그래서 변화무쌍한 미래를 긴 안목으로 조망할 수 있을 때 진짜 어른이 되어가는 거겠지. 그런데 요즘처럼 변화의 속도가 빠른 시대에 너 같은 젊은이가 변화를 편안하게 수용하는 성숙한 어른이 된다는 것은 정말 어마어마한 도전처럼 여겨질 것이란 생각이 물밀 듯 몰려왔다.

아빠가 대학생활을 할 때만 해도 세상이 지독하게 빨리 변해간다고 느끼진 않았던 것 같아. 그래서 너희들처럼 내일에 대한 과도한 불안을 느끼고 살았던 것 같지는 않다. 그저 매일을 무탈하게 보내도 시간이 가면 졸업을 하고, 졸업하고 나면 적당한 곳에서 일도 하게 될 거라고 믿었으니 말이야. 그런 아빠 세대에 비해 너희 세대는 훨씬 급변하는 세상을 살고 있고, 그로 인해 현기증을 느끼는 건 어쩌면 당연한 일일 거란 생각이 든다.

보통 나이에 따라 시간을 느끼는 감각의 속도가 달라진다고 하거든. 예컨대 20대는 시간이 20km로 가고, 40대는 40km, 그러다가 60대가 되면 60km로 느껴진다고 말이야. 그런데 요즘에 너희들은 20대부터 흐르는 시간이 60km 이상으로 여겨질 만큼 4차 산업혁명시대의 과격한 변화를 빠르게 느낄 수밖에 없을 것만 같다.

현재를 살지 않는 사람들 _____

너도 알다시피 아빠 같은 상담전문가를 찾아오는 내담자들은 모두 각자 마음속 남모를 시름과 고통을 안고 오랜 기간 씨름하다가 찾아오는 사람들이 대부분이지. 아빠는 지난 30년간 이런 분들과 상담을 하면서 이들을 아주 간단하게 두 가지 부류로 나누어볼 수 있다고 생각했거든.

분류 기준은 간단해. 우리 인간의 모든 문제는 대개 '시간'에서 비롯된단다. 우리 인간의 모든 고통은 언제나 과거 또는 미래에 걸쳐 있거든. 그래서 아빠는 일단 내담자들이 '과거'

혹은 '미래' 중에서 어디에 자신의 마음을 두고 사는지를 살펴보는 버릇이 생겼단다.

첫 번째 부류의 사람들은 온통 자신의 과거에 마음을 빼앗겨 살고 있는 사람들이야. 주로 상처로 얼룩진 과거의 사건을 떠올리면서 자신의 현재가 바로 그런 과거로 인해 망가졌다고 믿지. 그래서 현재를 제대로 살지 못하는 경우가 다반사야. 보통 내담자가 느끼는 '죄책감'이 이런 과거 속에서 헤매는 대표적인 감정이지.

두 번째 부류의 사람들은 반대로 온통 미래에 마음을 빼앗겨 살고 있는 사람들이란다. 아직 오지 않은 미래에 대한 지나친 걱정으로 인해 현재를 제대로 살기 어려운 경우가 많아. 때때로 숨이 잘 안 쉬어진다는 사람들도 있단다. 그러니까 보통 내담자의 '불안감'이 미래 속에서 헤매는 대표적인 감정이라고 할 수 있을 거야. 네가 요즘 빠르게 흐르는 시간에 대한 두려움이 생기는 것도 아마 미래에 대한 불안이 한몫을 하는 거라 볼 수 있겠지.

그런데 놀랍게도 첫 번째 부류와 두 번째 부류에 모두 속한 사람들도 꽤 많단다. 과거의 부정적인 경험에 고착된 삶을 오래 살다 보면 당연하게도 자신의 미래를 전혀 긍정적으로 그릴 수 없는 사람들이 많은 거지.

이런 부류의 사람들 모두 공통점이 딱 하나 있어. 뭔지 알겠지? 모두 다 현재의 시간을 온전하게 느끼지 못한다는 거지. 이런 사람들 모두 과거와 미래 사이에 압박된 자신의 현재가 끼어 있다고 여기고 그걸 몹시 견디기 힘들어 한단다. 당연히 자신에게 다가올 자그마한 변화에 대해서도 전혀 대응하지 못하고, 자꾸만 피하고 도망가는 경우가 많아. 그리고 자신의 미래에 대해서는 아주 결정론적으로 이야기할 때가 많단다.

"저와 같은 과거를 가진 사람이 어떻게 현재를 정상적으로 살 수 있을까요?"

"제 주변 사람들이 앞으로 저를 어떻게 대할지 너무나 두려워요."

"전 앞으로 단 하루도 절대 편안하게 살 순 없을 것 같아요."

놀랍게도 이들은 자신의 현재를 과거 상처의 재방송이거나 고통스런 미래에 대한 예고편 정도로만 여기고 산단다.

그런데 다함아, 가만히 생각해보면 이건 정말 지금 우리에게 주어진 현재라는 시간을 전혀 이해하지 못하는 태도란다. 현재라는 시간은 우리의 과거에도, 그리고 물론 미래에도 전혀 있던 적이 없는, 완전히 새로운 시간이라는 걸 말이야!

아빠가 수십 년 동안 상담을 하면서 상담실에서 지속적으로 내담자에게 강조했던 것은 딱 한 가지라고 생각해. 가장 중요한 건 바로 지금 이 순간, 현재라는 사실!

그래서 아빠가 그간 행해온 치유 활동을 한마디로 정의한다면, 내담자들이 빠져나오지 못하고 허우적대는 과거로부터, 그리고 미리 가서 떨고 있는 미래로부터 내담자의 의식을 꺼내서 지금 현재로 돌려놓는 일이라고 할 수 있을지 모르겠다. 그동안 아빠와 함께 했던 내담자들이 비록 오랜 시간이 걸리더라도 결국 자신의 마음속 평화를 누릴 수 있게 되었다면, 그 이유는 아주 간단해. 그들이 과거와 미래로부터 벗어나 마침내 자신의 지금 현재를 새롭게 경험하게 되는 순간을 마주했기 때문이지.

변화를 지나치게 두려워하는 마음도 어쩌면 현재의 시간을 자꾸만 과거에, 그리고 미래에 두고 사는 상태가 아닐까?

참 자유와 치유를 경험하는 순간은 _____

다함이가 어느 날 갑자기 겨울 산에 봄꽃이 핀 것을 보면서 시간의 흐름을 인식한다고 했지? 맞아. 네가 지난겨울 그 추운 산속에서 야영을 했던 기억이 분명히 남아 있기 때문에 과거를 회상할 수 있는 거야.

나중에 먼 미래에 지금 경험하는 철원을 너는 어떻게 떠올리게 될까? 강원도 근처에 오면 풋풋하게 떠오르는 추억이 될 수도 있을 것이고, 아니면 아예 생각하고 싶지도 않을 악몽처럼 떠오르게 될 수도 있겠지.

그런데 과거에 대한 '기억'이 과거일까? 그리고 미래에 대한 '예견'은 미래일까? 아니야. 실은 '기억으로서의 과거'나 '예견으로서의 미래' 모두 지금 다함이가 경험하고 있는 현재 경험이거든.

그렇게 따지면 모든 시간은 다 '현재'에 존재하고 있음을 잘 알 수 있단다. 그래서 아빠는 우리에게 유일하게 존재하는 시간은 모두 현재라고 굳게 믿어. 이게 아빠가 30년이 넘도록 상담을 하면서 비로소 깨달은 바란다. 그래서인지 『신곡』이라는 명저로 유명한 이탈리아의 작가 단테도 이런 말을 남겼지. "모든 시간이 곧 지금 이 순간이다!"

다함아, 그래서 아빠는 현재의 이 순간을 과거와 미래 사이에 낀 샌드위치처럼 여기지 않으려고 늘 노력한단다. 왜냐하면 그런 생각에 빠지면 나에게 주어진 시간이 자꾸 과거와 현재 그리고 미래가 마치 삼등분으로 나뉘어져 있는 한 덩어리처럼 여겨지고, 중간에 끼어 있는 현재를 제대로 느끼지 못하게 되거든.

어때? 너도 지금 너의 시간은 과거에서 출발해서 덧없이 스쳐가는 현재를 거쳐서 미래를 향해 진행해간다고 생각하지 않니?

누구나 그렇게 믿기 쉬운 건 어쩌면 당연해. 문제는 그러다 보면 우리의 의식은 주로 과거나 미래에 가 있고, 자꾸 지금 유일한 나의 시간인 현재는 그 중간에 끼어서 숨도 잘 못 쉬고 신음을 하게 된다는 거야. 그러니 죄책감이나 후회감으로 하루를 채우기도 하고, 불안과 두려움으로 매일을 보내게 되는 거지. 이게 바로 우리 마음이 만드는 문제의 시작이야.

그동안 상담자인 아빠가 과거-현재-미래로 삼등분되어 있는 시간 개념만 철석같이 믿고 살았다면, 아마 단 한 명의 내담자에게도 마음속 평화를 제대로 만들어주지 못했을지도 몰라. 만약 과거-현재-미래로 연결된 시간 개념을 굳게 믿는다면, 학대나 폭력으로 점철된 과거에서 출발한 내담자가 어떻게 지금 현재에서 과거의 흔적을 온전히 걷어낼 수 있을까?
과거와 현재 그리고 미래가 서로 긴밀하게 연결되어 있는 것이 진실이라면, 불행한 과거를 가진 모든 내담자들은 과거로부터 연루된 지금 현재를 간신히 견뎌낸다 하더라도 장차 다가올 변화무쌍한 미래에 여전히 암울한 결과만을 초래할 뿐이겠지.
그런데 어떨 때 내담자가 비로소 시간의 속박에서 벗어나 자유를 누리고 진정한 치유를 경험하는 줄 아니? 바로 자신에게 유일한 시간은 바로 지금 이 순간 현재임을 깨닫고, 이 현

재가 과거와 미래 모든 시간을 채울 만큼 확장될 수 있을 때
비로소 참 자유와 치유를 경험하게 된단다.

영원한 현재를 만드는 법_____

사랑하는 아들! 아빠는 다함이가 미래에 다가올 변화를 지금
부터 너무 지나치게 두려워할 필요가 없다고 생각해. 왜냐하
면 너의 의식이 계속해서 미래에 가 있는 만큼, 지금 이 순간
너의 현재의 시간을 자꾸 제대로 느끼지 못하고 살게 되기 때
문이지.

시간을 과거-현재-미래로 연결해 한통속으로 보는 습관부터
바꾸어보렴. 왜냐하면 영원한 시간에 억지로 금을 그어서 경
계를 만들고, 그 안에 너를 가두어버리는 꼴이 될 수 있거든.
그리고 현재를 그냥 아무런 의미 없이 과거에서 미래로 스쳐
가는 덧없는 시간이라는 생각도 갖지 말기를.

오히려 너에게 주어진 유일한 시간은 바로 지금 이 순간이야.
주어진 매 순간을 재미있게, 그리고 나름 의미도 찾아가면서
살아내는 게 우리 인생의 전부야. 그런 일상의 즐거움의 합이

바로 행복감이라고 하는 거지. 그런 소소한 일상의 행복을 누리려면 지금 현재가 너에게 그저 일생동안 주어진 전체 시간 중 아주 작은 한 조각에 불과하다고 생각하지 말아야 해.

오히려 너의 모든 시간은 언제나 지금 현재야. '어제'도 실은 전날의 '현재'였고, '내일'도 실은 다음 날의 '현재'잖니? 그러니 애초에 우리에게 과거나 미래라는 시간은 존재하지도 않았다고 할 수도 있지 않을까?

물론 우리의 과거와 미래를 모두 부정하자는 말은 아냐. 하지만 아빠는 우리의 현재라는 시간 안에 세상의 모든 시간과 공간, 그리고 우리 인생 전체가 존재한다고 생각해.

그래서 철학자들이 현재를 덧없이 스쳐가는 시간이라고 여기지 않고 '영원한 현재'라는 개념을 자주 사용했는지도 몰라. 본시 영원이란 현재 시간이 미래로 무한하게 확장되는 것이라고 볼 수 있지만, 반대로 무한한 시간이 지금 현재로 수렴되는 걸 의미하기도 하지.

우리가 사는 동안 영원한 것을 하나 꼽으라면 그건 바로 너와 내가 지금 경험하고 있는 '오늘'이라는 시간이란다. 이 '오늘'은 어제도 '오늘'로 존재했었고, 내일도 '오늘'로 존재할 것이기 때문이지.

조금 어렵지? 아빠는 다소 추상적인 '영원한 현재'를 이렇게도 이해한단다. 우리가 뭔가에 몰입을 하고 최고의 성과를 이룰 때가 있지 않니? 우리가 관심 있는 활동에 몰입할 때 최고의 평가를 받을 수도 있겠고, 게임이나 운동에 몰입할 때 엄청난 승리를 맛볼 수도 있겠지. 우리가 이런 몰입의 경험을 할 때 느끼는 공통점이 하나 있단다. 뭔지 아니?

바로 시간이 멈춘 것 같은 경험을 하는 거야. 예를 들면 2시간 넘게 게임을 했는데 마치 10분 정도밖에 안 한 것 같을 때가 있지? 그게 바로 최고의 몰입 경험인 거지. 마치 태풍의 눈에 들어가 있는 느낌이랄까?

아빠는 이런 경험이 바로 '영원한 현재'에 머무는 느낌이라고 정의한단다. 예를 들어 아빠가 강의에 집중하고 몰입한 나머지 3시간이 어떻게 지났는지 몰랐다고 하면, 아마도 몰입 경험을 했던 강의는 그 강의를 들은 학생들에게도 좋은 평가를 받을 수 있는 가능성이 높을 거야.

다함이가 군 생활중 매 순간을 집중해 몰입한다면 아마 그 시간은 더욱 빠르게 지나갈 것이고, 그런 '영원한 현재'를 이어간다면 매 순간 최고의 성과도 만들어낼 수 있지 않을까?

이제 어린 시절처럼 마냥 놀이와 게임에만 몰입할 수 없다고 느끼는 순간, 우리는 비로소 어른이 되어가는 거지. 대신 미래를 준비하기 위해 주어진 지금 이 현재의 시간에 몰입할 수 있는 적당한 과제들을 찾아내는 것이 변화를 두려워하지 않고 '영원한 현재'를 담담히 살아내는 진정한 어른이 되는 길이 아닐까? 미래의 변화에 미리 마음을 두지 말고, 지금 바로 현재 이 순간에 할 수 있는 일에 집중해보는 거야!

다함아! 아빠는 네가 군대에서 몸이 참 힘들 텐데도 오히려 네 자신의 마음 안으로 들어가보는 기회를 가지는 것 같아 참 대견하구나. 최근 많은 연구자들이 명상이 심신의 건강에 아주 유익하다고들 하거든. 오늘이 마침 부처님 오신 날이네. 아빠는 네가 갑자기 명상하는 군인이 된 것 같아! 하하!!

원래 명상이란 게 대단한 불교 수도자들만의 특별한 수행 습관이 아니란다. 네가 어디에 있든지, 또 어떤 경험을 하든지 매 순간 너의 마음속에 드는 생각이나 감정에 온 관심을 쏟는 다면 그게 바로 가장 중요한 명상적인 태도인 거지.

아들, 이왕 그렇게 너의 내면에 관심을 기울이게 되었다면, 우리 자주 편지하자. 아빠가 기다릴게.

2024년 5월 15일
너의 현재를 사랑하는 아빠가

두 번째 편지

"
자신의 이익만 챙겨야 경쟁사회에서
살아남을 수 있을까요?
"

아들

아빠,

요즘 훈련이 많아서 연락 자주 못 드렸어요.

아빠, '백병전'이라고 들어보셨나요? 백병전이란 적에게 접근해서 몸과 몸이 닿을 정도의 거리에서 육탄전을 펼치는 것이라고 해요. 총공세를 다 펼친 후 가장 최후의 수단으로 얼굴을 맞대고 싸우는 방식인데, 어떻게 보면 가장 순수한 형태의 근접전이에요.

정신전력교육을 받으며 어떤 마음가짐으로 백병전에 임해야
할까에 대해 토의하다가 나온 20대 용사들의 공통된 의견이
"상대를 죽이지 않으면 내가 죽는다는 마음가짐으로 임한다"
였어요. 이런 의견은 묘한 의미로 제게 다가왔어요. 백병전에
서 밀리면 위험해질 후방의 가족들과 소중한 사람들을 위해,
또는 나라를 지키기 위해서 싸운다는 명분은 결국 다 사라진
다는 거죠. 이런 조금 그럴듯한 이유들을 제치고 "결국 나 자
신을 위해 싸운다"는 의견이 저를 포함한 대부분 장병들의
가장 공통된 의견이라는 게 문득 신기하더라고요.

제가 속한 젊은 세대가 가진 뚜렷한 방향성이 조금 보이는 것
같았어요. 제가 생각하기엔 기성세대는 제가 속한 세대보다
'가족'이라는 가치에 본인들의 목표와 가치관이 훨씬 많이 치
우쳐져 있었던 것 같아요. 옛날부터 가족 단위를 중시해온 우
리나라 집단 정서의 영향도 분명 있었다고 생각해요.
그런 관점을 지닌 기성세대 입장에서는 제 세대가 나라의 안
보에 대한 책임감과 타인의 안전보다 자신의 죽음에 대한 두
려움이 더 큰 원동력이 된다고 하면 갸우뚱하실 것 같았어요.

단순히 기성세대가 현 세대보다 이타적이냐 아니냐를 떠나서
아빠 세대는 목표 자체를 타인(가족)에 두고 그것만 바라보면
서 열심히 길을 개척해나간 것 같아요. 그에 비해 현 세대는
본인들의 목표와 가치관은 물질적으로나 정신적으로나 본인
의 이익에 우선적으로 방점을 두고 있는 것 같고요.

그런데 그 와중에 이런 생각이 들더라고요. '내가 애초에 그
럴 그릇이 될까? 나의 이익을 추구하면서 목숨을 걸 만한 의
지는 있는 걸까?' 이런 제 자신에 대한 의문이 제일 먼저 머릿
속을 스치는 질문이었어요.
나름 신분이 군인인데 사기충천해서 상대방을 죽이는 일보다
'적군도 나 같은 사람인데'와 같은 말들로 자기위안을 삼고,
스스로 합리화하는 최면으로 핑곗거리를 삼아 편히 죽을 명
분을 만드는 것이 아닌가 싶더군요. 남들이 보면 착한 척한다
고 생각할지도 모르죠. 하지만 저는 이게 제 나약함 같아요.
저 자신을 위해 용기 낼 힘도 의지도 없는 것 같거든요. 후방
에 남은 가족 생각도 안 하고 명색이 나라를 지키는 군인인데
나라를 지키려는 책임감도 없이, 아주 비겁하지 않나요?

물론 백병전과 같이 생사가 오가고 사활을 걸어야 하는 긴박한 상황이 실제로 눈앞에 닥치게 된다면 제가 어떤 선택을 할지는 모르죠. 하지만 그 위기의 순간에 제가 호기롭게 적군을 섬멸하고자 적군을 겨냥하고 대검으로 찌르려는 선택을 한다 하더라도, 과연 그 찰나의 충동적인 선택이 내가 정말 바라는 선택일까 하는 나약한 상상을 멈출 수 없는 것 같아요.

본인들의 이익을 중시하고, 또 그것을 취할 수 있는 최고의 능력을 만들어가고 있는 현 세대와 같이 살아가고 있는 저는 이런 나약한 마인드로 살아남을 수 있을까요?

갑자기 이런 제 마음에 대해 아빠에게 묻고 싶어졌어요.

또 편지 드릴게요.

2024년 6월 전술훈련을 마치고,
나약한 아들 다함 드림

아빠

사랑하는 아들 다함에게,

네 편지를 받고 얼마나 반가웠는지 모른다. 요즘 훈련이 그리 많다면서도 그 바쁜 와중에 네가 보낸 글이어서 더욱 값진 의미를 담고 있는 듯했다. 그리고 그 편지의 내용을 곱씹으면서 아빠도 참 많은 생각을 했단다.

아빠도 아주 오래전 '백병전'이라는 말을 들었던 것 같은데,

사실 오랫동안 잊고 살았던 단어였어. 군대에서 정신교육 때
마다 반드시 강조해야 할 주제는 바로 최후 전시상황일 듯!
그런데 아빠는 전쟁중 내 아들이 적군과 육탄전을 벌이는 마
지막 순간을 그저 상상하는 일만으로도 너무나 무시무시한
느낌이긴 하더구나. 그리고 백병전 같은 무한경쟁 시대를 살
아가야만 하는 네 부담감이 더욱 강하게 느껴져서 마음이 찡
했단다.

뇌를 연구하는 신경과학자들은 목숨이 왔다 갔다 할 만큼 긴
박한 상황에서는 우리의 뇌가 평소처럼 작동하지 않는다고
설명해. 누구나 그런 극단적인 상황에서는 거의 이성의 기능
은 마비되고 반사적인 본능대로 행동하도록 뇌가 설계되었다
는 거지.
이건 마치 포유류 동물의 반응과도 거의 같다고 하더라. 예를
들면 고양이에게 쫓겨 궁지에 몰린 쥐는 본능적으로 죽어라
도망가든지 아니면 목숨 걸고 맞서 싸우든지, 둘 중 하나를
선택하게 되어 있다는 거야.
우리 인간 뇌의 반응도 마찬가지래. 우리 뇌는 그런 전시상황

에서는 '싸우거나 도망가거나(fight or flight)' 하는 아주 즉각적인 반사행동을 하도록 설계되어 있다는 거야.

이런 반사행동을 할 때 우리의 이성과 판단을 좌지우지하는 대뇌는 거의 '잠시 멈춤(pause)' 상태가 된다고 하더라고. 그러니까 그런 긴급 상황에서 거의 자동적으로 상대방을 공격하는 동물적인 반사행동에 대해서 옳다 그르다 하며 윤리적인 판단을 하려 든다는 건 과학적으로 무리가 있는 거지.

신경과학자들에 의하면 동물이나 인간의 뇌는 공통적으로 자신의 생명을 유지하는 일을 최고의 목표로 삼고 작동되기 때문에 이런 반사행동을 하게 된다고 해. 아빠 생각엔 태초에 조물주가 생명체의 뇌를 설계할 때 이런 모든 개체의 '생존'을 '기본 값(default)'으로 설정해놓았다고 보면 좋을 것 같아. 그러니까 백병전과 같은 극단적인 공포 상황이라면 합리적인 이성 판단을 할 수 없다거나, 이타적인 헌신의 마음이나 애국심이 넘쳐나지 않는 것을 두고 너무 부덕의 소치라며 우리 자신을 탓할 필요는 없을 것 같아.

전쟁중에 드러난 마음속 원시인 _____

아빠는 이렇게 자기 자신을 지키고 보호하고 때로는 강하게 방어하려는 본능을 있는 그대로 인정하는 것은 참 중요한 일이라고 여긴단다. 정신분석학을 창시한 프로이트가 마음의 구조에 깊은 관심을 가지게 된 결정적인 계기가 뭔지 아니? 바로 그가 경험한 전쟁의 참상이었어. 그는 유럽에서 발발한 제1차 세계대전을 목도하면서 엄청난 통찰을 하고 자신의 미래 연구의 방향을 정하게 된단다.

당시 전쟁은 처음에 오스트리아 통치하에 있었던 보스니아에서 세르비아와의 국지전으로 시작했지만 여러 우방들의 참전으로 인해 유럽의 열강들이 모두 참여하는 최초의 세계대전이 되었단다. 세계전쟁이 발발한 지 6개월 뒤인 1915년에, 프로이트는 짧은 글을 쓰게 되지. 전쟁을 겪으면서 알게 된 우리 인간 본성에 대한 환멸이 바로 그 짧은 글의 주제였지.

프로이트는 제일 먼저 "우리가 상상한 전쟁은 모두 환상"이었다고 분석했단다. 예를 들면 아무리 전쟁을 해도 우리는 민간인과 전투원을 구별하고 전쟁중에도 부상자와 의료진의 특권은 유지될 줄 알았다는 거야. 그런데 정작 세계대전이 일어나자, 그런 일은 전혀 이루어지지 않았거든. 지금 2024년 현재 러시아가 우크라이나와 벌이는 전쟁만 보아도 민간인이 아무렇지도 않게 희생되는 일은 전쟁의 민낯일 수밖에 없지 않니?

프로이트는 겉으로 멀쩡해 보이는 문명인들이 특별한 증오심이나 혐오심이 없이도 적대감을 가지고 전쟁을 벌인다는 것이 참 놀랍다고 했어. 그저 우방의 요청 때문에 참전한다면 적을 잘 알지도 못하면서 그들을 죽이려고 전쟁에 뛰어드는 셈인 거지.

만약 네가 말하는 백병전에서 어느 북한군과 격투를 벌인다면, 그가 적성국가 군인이라지만 어찌 보면 그를 특별하게 증오할 이유는 없지 않니? 우리가 싸움을 벌이는 대상이 한민족의 뿌리를 공유하는 동족이란 점을 감안하면, 프로이트가 느꼈던 전쟁과 인간 본성에 대한 환멸을 충분히 이해할 만하다.

결국 프로이트는 전쟁을 통해 확인한 인간 본성에 대해 이렇

게 결론 내린단다. "전쟁은 우리가 나중에 얻어 입은 문명의
옷을 발가벗기고, 우리 모두의 마음속에 숨어 있는 원시인을
노출시킨다."

원시인이란 바로 상대방을 죽이고 내가 살려는 생존의 본능
인 거지. 그저 낯선 사람을 적으로 낙인찍고 그를 해치거나
그의 죽음을 소망해야 하는 묘한 본능을 지적한 거야. 그런
본능 때문에 프로이트는 인류의 전쟁이 앞으로도 계속될 것
이라 예언했어. 지금 우리가 사는 지구촌을 보면 그 예언은
그대로 적중했다고 봐야겠지.

프로이트가 전쟁을 통해서 특별히 강조하려 한 것은, 인간의
도덕성에 대한 문명적인 태도가 심리학적으로 우리 분수에
전혀 맞지 않다는 거야. 자연적인 본능은 늘 감추고 문명인인
척 위선을 떨면서 살아온 현대인의 이중성을 지적한 것이지.
그렇다고 프로이트가 그런 공격적인 생존 본능만 가지고 살
아야 된다고 말한 적은 없어. 그저 그런 무의식적인 본능을
우리가 스스로 있는 그대로 인정하고 받아들이는 것이 좀더
진실한 태도이고 삶을 좀더 견딜 만한 것으로 만들어준다고

주장한 거지.

만약 프로이트에게 백병전에 임하는 군인들에게 한 마디 조언을 해달라고 부탁한다면, 특히 군인들의 경우 자신의 생존 본능을 절대 감추지 말라고 할 테지. 생존 본능을 무시하는 일은 가능하지도 않을 뿐 아니라 군인으로서의 삶을 더욱 혼란스럽게 만들 수 있다고 힘주어 강조하리라고 본다.

앞서 소개한 뇌를 연구하는 현대의 신경과학자들이 공통적으로 제시하는 주장, 즉 우리의 뇌가 생존이라는 최종 목표를 위해 작동된다는 연구결과만 보아도 우리가 본능을 완전히 무시하면서 산다는 것은 너무도 비과학적이고 어리석은 일일지 모른다. 그러니 누구나 극단적인 백병전의 순간, 자신의 생존 본능에 충실한 것은 그저 자연스러운 일이라고 생각해.

우리 마음속 '이타적인' 생존 본능 _____

그렇다면 우리는, 아니 우리의 뇌는 자신의 생존만을 목적으로 하는 이기적인 본능만을 가지고 있는 걸까? 아빠는 그렇게 생각하지 않아.

다함이가 상대방을 죽이는 것보다 '적군도 나 같은 사람인데'
라면서 주저앉아 나약하게 자신의 죽음을 맞이할지도 모른다
고 했잖아. 아빠는 그 마음도 충분히 느껴진단다.

아빠는 우리 뇌가 개체 생존을 위해 진화되어 오는 과정 가
운데 반드시 '내가 살기 위해선 남을 죽인다'라는 약육강식의
원리만 작동하지 않았다고 믿는다. 몇 가지 예를 들어볼게.

1947년에 작성된 한 보고서에서는 제2차 세계대전 당시 전
쟁에 참전한 병사들에 물었더니, 참전병사들 중 오직 15%만
이 적을 향해 총을 제대로 발사했다고 답변했다고 해. 대체
이건 무슨 말일까?

당시 병사들은 대부분 포탄이 떨어지는 전쟁 통에 앞도 제대
로 보지도 않고 극도의 공포심으로 총을 난사하기 바빴다는
거지. 하지만 전쟁중 백병전을 임해야 하는 위급 상황이라면
어떨까? 생존의 위협이 닥치면 누구나 반사적으로 상대방을
공격하는 자동반응이 당연하다고 했지?

그런데 말이야, 만약 다함이 앞에 적군이 총도 없이 무방비상
태로 다가왔다면 어떨까? 만약 다행스럽게도 너는 검이 달려

있는 총으로 완전무장을 하고 있었다면 그 적군을 바로 공격하려고 할까?

이와 아주 비슷한 전쟁 상황에서 적군을 만난 이야기를 언급한 사람이 있었어. 『동물농장』의 작가로 유명한 영국의 소설가 조지 오웰이야. 스페인 내전에 참전한 적이 있는 오웰은 파시스트 적군을 눈앞에서 맞닥뜨린 사건을 이야기한단다. 그는 갑자기 눈앞에 나타난 적군에게 어떤 공격성도 느끼지 못했다고 해. 적군은 군복이 거의 벗겨져 반만 걸치고 있었고, 바지를 움켜쥐고 헐떡거리고 있었대. 물론 무기는 가지고 있지 않았고, 오웰은 그 적군의 눈을 보았을 때 죽여야겠다는 적의가 전혀 느껴지지 않았대. 왜 오웰은 그 순간 어떠한 공격적인 반사반응도 보이지 않았던 걸까?

진화론의 창시자로 알려진 찰스 다윈은 '적자생존'의 진화 원칙을 설파했다고 알려져 있지. 그는 오직 강한 자만이 살아남는다는 게 생명체 진화의 핵심인 것처럼 강조했다고 말이야. 그런데 그의 책을 숙독하다 보면 이런 일반적인 전제는 전혀 사실이 아니야.

우리가 가진 '적자생존'에 대한 가장 큰 오해가 뭔지 아니?
'적자생존'이란 우리가 전쟁이나 긴급 상황이 아닌, 평상시에
도 우리의 강한 공격성이 종족 간 경쟁에서 우리 자신의 생
존을 위해 가장 필요한 본능이라고 믿게 만든다는 거지. 특히
요즘 같은 무한경쟁 사회에서 우리 모두는 공격적인 경쟁의
식이 최후 생존에 가장 중요한 항목이라고 믿으며 사는 것 같
아. 과연 그럴까?

다윈은 그의 화제작 『종의 기원』 이후 1871년에 저술한 책
『인간의 유래와 성 선택』에서 인간의 '동정심(sympathy)'이
생존을 위한 가장 강한 본능이고 윤리체계의 기초라고 주장
했지. 그의 주장은 이후 최근까지 많은 진화생물학자들의 주
장과도 그대로 연결된단다.

진화생물학자들은 네안데르탈인과는 달리 현생 인류인 호모
사피엔스가 결국 사회적인 생존에 성공한 이유를 여러모로
추측해왔지. 물론 자료가 충분치 않지만 대부분의 진화생물
학자들은 비슷한 주장을 한단다.

현생 인류가 끝까지 살아남은 데는 바로 공동체를 형성하고 공동체에 속한 구성원들을 서로 존중하고 배려하는 동정심이 가장 중요한 역할을 했을 것이라고 주장해. 조지 오웰이 거의 죽기 직전처럼 보일 정도로 숨을 헐떡이는 적군을 보고는 살생이나 공격에 대한 어떠한 본능도 느끼지 못했던 이유도, 현생 인류인 호모 사피엔스 시절부터 아주 오랫동안 우리 안에 남아 있는 '동정심'의 본능 때문이 아닐까?

'백병전' 같은 경쟁사회에서 살아남는 법_____

그리고 네가 이야기한 대로 우리나라는 오랫동안 농경사회였기 때문에 더더욱 공동체 중심의 삶을 살아왔지. 그래서 가족 단위, 마을 단위의 삶을 살다 보니 가족이나 집단의 가치를 보다 중시하는 관계 지향적 문화가 형성된 것 같아.

네가 지적한 대로 아빠 세대는 그런 가족 공동체 문화의 영향으로 인해 너희 세대는 의아하게 여길 만한 태도를 발견하게 될 때도 많을 거야. 자녀가 결혼할 때 부모의 기준이 가장 중요하다고 믿는 태도나 자녀가 원하는 바는 전혀 고려하지 않고 사회가 정한 기준을 강요하는 지나친 교육열 등등.

하지만 이런 문화는 조금씩 변하는 거란다. 아빠는 아무리 오래된 문화라도 사람이 변하면서 조금씩 함께 변하고 있다고 믿거든. 마치 생물처럼 유기적으로 변하는 게 문화라면, 문화가 가진 고유한 장점들은 미래세대가 잘 선별해 계승해갈 수 있으면 참 좋겠지.

너희 세대가 자기 자신에게 좀더 집중하는 건 과거세대가 가진 지나친 가족주의를 벗어날 수 있는 계기가 될 수도 있을 거야. 그리고 동시에 '동정심'과 '배려'라는 공동체 가치를 너희 나름대로 이어가는 건 반드시 필요하지 않을까?

다함이는 어린 시절부터 친구를 배려하고 친구의 행복을 기뻐해주는 태도를 가졌던 것을 아빠는 아직도 기억해. 중학교 때 네 절친이 반에서 1등을 했다고 얼마나 좋아하던지. 그때 엄마 아빠는 네 성적 때문에 마음을 졸이긴 했지만, 한편으론 엄청나게 뿌듯했단다.

아빠는 다함이가 자기 자신의 유익을 위해 목숨을 걸 정도의 의지가 없는 것을 너무 나약하게만 보지 말았으면 해. 앞으로 네가 살아갈 세상은 절대로 '적자생존'의 원리만이 작동하는 세상이 아닐 거라고 생각해. 다른 사람들이 다 그런 '남을 죽여야 내가 산다'는 백병전의 태도로 살면 살수록 일상중 따뜻한 '동정심'의 본능을 더욱 자주 발현하는 사람들이 끝까지 살아남는 사회가 될 것이라고 아빠는 굳게 믿는다.

네가 살아가야 할 세상은 분명 극단적인 무한경쟁의 무대처럼 보이지만, 결국 배려심과 동정심, 그리고 공감능력을 가진 사람이 남다른 경쟁력을 가지게 될 거야.
이건 그저 아빠의 바람이나 이견이 아니고 오랜 인류의 역사가 증명하는 사실이니까 믿어도 돼. 지금 다함이가 자신의 약점이라고 생각하는 것을 뒤집어보면 다른 친구들은 애써 가지려고 해도 갖기 쉽지 않은 남다른 강점이라는 것을 꼭 기억하길 바란다.

또 편지하자!

2024년 6월 30일
너의 강점을 믿는 아빠가

세 번째 편지

"

나를 살고 싶게 만드는 힘,
삶의 원동력을 찾고 싶어요.

"

아빠,

아빠가 이전 편지에서 말씀하신 대로 '영원한 현재'를 온전히 느끼려고 노력해봤어요. 제가 자연스레 몰두할 수 있게 될 나만의 과제가 대체 무엇일까 고민해봤죠. 그러다 보니 문득 나를 하루하루 살아가게끔 만드는 것이 무엇일까 하는 생각이 들었어요.

저는 사람이 살아가는 데 있어서 가장 중요한 역할을 하고 가

장 강력한 힘을 가진 것은 '원동력'이라고 생각해요. 살고 싶
게 만드는 것, 앞으로 나아가게 하는 것, 쓰러져도 다시 일어
서게 하는 것, 이건 모두 원동력에서 비롯된다고 생각해요.
누군가에겐 좇고자 하는 목표이자 꿈, 누군가에겐 보람을 느
끼는 삶의 낙, 누군가에겐 각박한 삶 속에서 잠시나마 쉬어갈
도피처, 결국엔 다 하나로 연결되어 삶을 이어가고자 하게 만
드는 무엇인가가 바로 원동력에 포함되는 것 아닐까요?

"공부, 내게는 한 학문을 연구하고 몰두하는 것이 인생에서
제일 쉽고 편하고 재미있었어!"
아빠는 기억 못하실 수도 있겠지만, 몇 년 전에 대학원 진학
을 고민하는 누나와 이야기하면서 흘리듯 하신 말씀이에요.
아빠와 누나의 긴 대화중에 아빠가 잠깐 흘리듯이 하신 그 말
씀이 저한테 하신 말씀이 아닌데도 불구하고 머리를 한 대 맞
은 듯한 큰 울림을 얻었어요.
무언가에 몰두하면서 평생을 살아갈 수 있다? 저에게 자극은
타인(사람)뿐이었는데, 저의 시야를 조금이나마 넓혀준 말씀
이었어요. 제 자신을 움직이는 힘에 대해 새로운 시선으로 바

라보게 된 그 시점부터 시작된 저의 생각들은 몇 년이 지난 지금까지 이어졌어요.

복잡하고 어려운 여정이 있었겠지만 아빠가 마침내 찾은 인생의 돌파구, 또 다른 말로는 삶의 원동력, 그게 바로 한 분야의 학문을 깊게 파고들고 개척하는 것, 학구열이라고 느꼈어요. 그 과정 속에서 성취한 명예가 아빠에게 선사한 의미는 이루 말할 수 없이 크겠죠. 개인적으로 생각했을 때 아빠의 삶 그 자체라고 해도 무방할 것 같아요.

아빠, 저는 솔직히 아빠처럼 학문이 저의 돌파구인지는 잘 모르겠어요. 그래서 저는 저만의 돌파구(원동력)를 찾고 싶어졌어요. 스트레스가 풀리는 취미생활에서 느끼는 단순한 만족감에서 얻는 원동력부터 이루고자 하는 꿈을 좇는 과정중 느끼는 강력한 원동력까지, 각자 삶의 원동력은 다 다르기 때문에 제 자신에게 맞는 원동력을 찾고 싶어요.

사실 군 입대 직전까지도 술만 마시면 습관적으로 주위 사람들에게 요즘 너의 삶의 낙은 뭐냐고 물어보곤 했어요. 아직

"나를 살고 싶게 만드는 힘,
삶의 원동력을 찾고 싶어요."

새파랗게 어린 애가 술 마시고 하는 말 치곤 조금 웃기다 생
각하실 수 있겠지만 저에게 원동력이란 건 항상 찾으려고 노
력하는 그 무엇이기 때문에 괜히 '남들은 찾았나, 삶의 의지
가 가득한 채로 자신의 목표를 향해 달려가고 있나' 하는 조
바심이 들어 그렇게 물어본 것 같기도 해요. 지금까지 저를
살고 싶게 만들었던, 앞으로 나아가게 했던 저의 원동력은 무
엇이었을까 생각해봤을 때 그건 '타인'이었던 것 같아요.

위에서 언급했다시피 전 지금까지 항상 타인 중심이었어요.
인간관계, 어떠한 형태로든 타인과의 교류에서만 삶의 자극
을 느꼈고 제가 살아 있음을 느꼈어요. 남들의 눈치를 많이
본다, 신경을 많이 쓴다, 이런 느낌보단 그저 사람이라는 게
너무 좋은, 아니 어쩌면 유대감이라는 감정 자체가 너무 좋은
그런 느낌이에요.

저에게 소중하고 제가 좋아하는 사람들과 함께하는 것, 그들
과 시간을 보내는 것, 그리고 그걸 넘어서 저를 제외한 다른
사람들과 유대감을 형성하는 행위 그 자체에서 위안을 얻고
만족감을 얻으면서 삶을 이어왔고, 지금도 그러고 있어요.

하지만 이전 편지에서도 언급했다시피 변화는 끊임없이 일어날 것이고, 저는 변화에 잘 대응하는 어른이 되고 싶어요. 그러기 위해서 아빠 말씀대로 미래에 대한 불안보다 영원한 현재에 집중해 제가 몰두할 수 있는 과제와 그를 포함해 제가 이 삶을 열심히 살아가게끔 만들어줄 저만의 원동력을 찾고 싶어요. 그리고 현재까지 저의 원동력은 타인과의 유대감이었지만, 앞으로도 그래도 괜찮을지 고민이 됩니다.

새로운 원동력을 찾는 것은 긴 여정이 될 걸 알고 온전히 저의 몫인 것 또한 알지만, 이 여정의 시작점이 그리고 그 트리거가 아빠가 해주신 말씀인 만큼 이런 제 고민에 어떤 말씀을 해주실지 큰 기대를 안고 편지 보내요.

이만 줄여요.

2024년 7월 15일
아들 다함 드림

"나를 살고 싶게 만드는 힘,
삶의 원동력을 찾고 싶어요."

사랑하는 아들에게,

네 편지, 반갑게 잘 받았어. 그리고 약간 우쭐하는 느낌과 함께 살짝 창피한 생각도 들었단다.

일단 아빠의 한 마디가 네 가슴에 긍정적인 여운을 남겼다는 것은 엄청 기쁜 일이지. 왜냐하면 아빠는 지난 수십 년 동안 상담을 하면서 부모의 말 한마디가 평생 뼈아픈 상처로 남았다는 이야기를 수없이 많이 들어왔거든. 그러니 아빠는 그런 경우에 비하면 얼마나 다행인지 모르겠구나. (물론 네게 상처를 주었던 말도 분명 있었을지도 모른다는 걱정도 든다만…)

살짝 창피했던 이유는 남들이 들으면 아빠가 뭐 그렇게 대단한 석학 정도가 되어서 공부가 가장 쉽다고 자랑한 것 같아 무안한 마음도 들어서야. 실은 아빠가 어떤 맥락에서 누나에게 공부를 하는 일이 아빠에게 가장 쉬운 일이라고 했는지 잘 기억이 나진 않아.

하지만 아마도 공부를 할 때 아빠를 살아 있다고 믿게 만드는 힘을 발견했다는 의미였던 것 같아. 그게 바로 네가 말한 원동력이 아닐까?

그리고 공부가 내게 그냥 처음부터 쉽기만 했던 건 절대 아니고, 언제부터인가 공부하는 일이 아빠를 점점 편안하게 만들고, 설레게 만드는 즐거움을 주었던 과정을 더 강조하기 위해서 한 말이었을 것 같아.

아빠 역시 공부가 죽을 만큼 싫어서 엄청나게 스트레스를 받았던 시절이 분명히 있었단다. 그때를 돌이켜보면 공부가 나 자신을 위한 일이라고 전혀 생각할 수 없었던 시절에 그랬던 것 같아. 부모님의 등쌀에 못 이겨 할 수 없이 공부를 해야 된다고 믿었던 학창시절 말이야.

'때문에' 하는 공부 vs. '위해서' 하는 공부 _____

아빠가 공부를 나 자신을 위해서 해야겠다고 다짐하기 시작한 것은 대학생 때부터였어. 멋진 나 자신을 만들기 위한 전초작업으로 동네 헌 책방과 종로에 있는 큰 서점을 수시로 드나들기 시작하게 된 것도 그때부터지.

대학생이 되었다고 갑자기 철이 들어서 공부에 대한 생각이 급변한 건 아니야. 분명 어떤 계기가 있었던 것 같다.

아빠는 신학을 전공하게 된 대학교 1학년생이 될 때부터 교회에서 중·고등학생을 가르치기 시작했어. 나이로 따지면 몇 살 차이도 나지 않는 후배 같은 학생들이었지만, 그들은 모두 아빠를 '선생님'이라고 불렀어. 누군가가 아빠를 선생님이라고 불러주던 때, 그때 아빠가 느꼈던 가슴 깊숙이 차오르는 희열은 지금도 기억이 생생해. 그게 아마도 그때부터 아빠가 가르치는 직업을 동경하고 간절히 원했던 이유가 아닐까 싶구나.

원래는 교회에서 성경을 가르치는 임무가 내게 주어졌지만, 아빠는 학생들과 세대 차이가 별로 나지 않았던 덕에 그들이 성경만 가르치려는 고리타분한 선생님을 결코 원치 않는다는 것을 직감했지. 그래서 아빠는 일부러 먼 나라 성경 이야기 대신 요즘 세상 돌아가는 이야기를 더 많이 하려고 노력했어. 그러다 보니 주로 우리나라 옛 고전에 대한 이야기, 우리 사회에 대한 이야기, 그리고 우리 역사에 대한 이야기를 해주려고 노력했던 것 같아.

그래서 시작된 것이 아빠의 인문학 공부, 사회과학과 역사에 대한 공부였던 거지. 이건 아빠의 대학 전공 학과 공부와는 무관해 보이던 공부였지.

그때 처음으로 느꼈던 것 같아. 공부가 누군가를 멋진 어른, 게다가 멋진 선생님으로 만들어주는 가장 중요한 첩경이라는 것을! 그러니 대학을 가기 위해 억지로 한 공부가 진짜 공부가 아니었고, 진짜 공부란 사실 나 자신을 위한 일이란 것을 깨달으면서 엄청난 변화를 경험한 셈이지. 그래서 학생들을 가르치기 위해 책을 고르는 재미, 책을 한 페이지씩 읽어가는 재미, 그리고 전혀 모르던 세상사의 숨겨진 의미를 알아가는 재미를 그때 처음 느꼈던 것 같아.

그런데 너의 편지를 읽고 가만히 생각해보니, 아빠가 대학생 때 교회 선생님을 하며 재미를 느끼게 되어 몰두하게 된 공부가 사실은 아빠 자신만을 위한 일이 전혀 아니었다는 걸 발견하게 되었어. 아빠도 네가 이야기한 것처럼 타인(학생)에게 의미 있는 배움을 전달하고 싶다는 중요한 원동력이 발동하기 시작했던 거야.

예컨대 책을 읽다가 중요한 부분에 밑줄을 그으면서 아빠는 상상하지. 다음 주에 학생들을 만나면 이 내용을 어떻게 쉽게, 그리고 어떻게 임팩트 있게 전달할지를. 그리고 학생들이 고개를 끄떡이면서 수용하는 모습도 상상하면 저절로 힘이 났단다.

어느 순간 공부방에서 학생들과 책을 펼쳐놓고 열띤 토론을 벌이는 일이 더 멋진 나, 더 명확하게 이야기하면 여러 사람들에게 선한 영향력을 미치는 멋짐을 발산하는 나 자신을 상상하는 전초기지가 되었던 것 같아.

그러고 보면 아빠도 너와 아주 비슷하게 '타인'이라는 원동력으로 인해 공부나 학문에 몰두하게 된 셈이지.
그저 다른 사람(부모님) '때문에' 할 수 없이 했던 공부는 아빠에게 전혀 원동력을 주지 못했지만, 다른 사람(학생들)을 상상하면서 그들을 '위해서' 했던 공부는 엄청난 재미와 원동력을 제공했던 거니까 말이야.

지난 편지에서도 이야기했다만, 새로운 시대는 인류 전체가 공감과 연대감을 가장 중요한 가치로 여겨야만 하는 시대야. 다른 사람 때문에 할 수 없이 하는 일들로 덧없이 사는 인생, 그리고 오직 다른 사람과 경쟁해 이겨먹으려고만 사는 인생은 오히려 우리를 더욱 쉽게 지치게 하고, 더욱 극심한 고립에 빠지게 하고 말 거야.

그런 의미에서 네가 삶의 원동력이라고 느끼는 '타인'에 대한 우선적인 가치는 절대로 시대착오적인 것이 아니란다. 네가 이미 강조한 대로 타인의 눈치를 본다거나 타인의 평가에 지나치게 좌우되는 일과는 전혀 다른 차원의 일이지.

진짜 동기가 샘솟는 곳 _____

네 말대로 각자의 삶에 원동력을 주는 일은 모두 다르고, 그 일을 찾는 일도 각자의 몫일지도 모른다. 그래서 그 원동력이 옳다 그르다 하며 외부에서 평가하는 일도 가능치 않겠지.

그런데 누군가를 움직이는 원동력을 외부에서도 바로 알아차릴 수 있는 명시적인 기준이 있을 것 같다. 그건 무엇보다 엄청난 '주도성(initiative)'인 것 같아.

단순하게 말하면, 억지로 했던 일이 아무도 시키지 않아도 스스로 하는 일이 되는 거지. 아빠의 경우, 공부가 어느 순간부터 억지로 부모님의 등쌀에 못 이겨서 한 일이 아니라 자기 스스로 하는 일이 된 것, 이게 바로 원동력의 가장 중요한 특성인 '주도성'이 아닐까?

아빠가 처음으로 주도적으로 공부를 시작하게 되었다면 그건 당연히 이미 아빠의 마음속에 엄청난 원동력이 작동한 것이라 평가할 수 있는 것이겠지.

아빠가 원동력(drive)과 가장 유사한 학문 용어를 찾아본다면, 그건 '동기(motivation)'일 것 같아. 인간의 동기를 연구한 학자들은 동기가 두 가지 방향에서 온다고 믿었던 것 같아. 주로 외부로부터 오는 동기는 '외재적 동기(extrinsic motivation)'로, 내면으로부터 비롯된 동기를 '내재적 동기(intrinsic motiva-tion)'로 나눈 거야.

어느 부모가 자녀에게 열심히 공부해서 우수한 성적을 거두면 스마트폰을 교체해주는 보상을 주는 것으로 동기를 부여했다고 가정해봐. 그럼 자녀가 그저 신형 스마트폰을 위해서라도 열심히 공부할 수 있겠지. 그러니까 이런 동기는 외재적 동기라고 할 수 있어. 동기가 외부 보상에서 비롯된 거니까 말이야.
보통 당근과 채찍으로 동기를 부여하는 대부분의 경우에 보상을 받기 위해서 혹은 처벌을 피하기 위해서 하는 행동들은 다 이런 외재적 동기를 가지고 있다고 볼 수 있을 거야.

그런데 연구자들은 이런 외재적 동기가 굉장히 유효기간이 짧다는 것을 발견했어. 보상이 끝나면 다시 공부에 집중하기가 어려웠던 거야. 외부 보상에 기인한 개인의 주도성은 금방 휘발되고 마는 거지. 그래서 또 다른 외부 보상이 제공되어야 하고 그 새로운 보상에 우리가 마음이 다시 크게 끌려야만 가라앉았던 동기가 다시 강화되는 원리야.

그래서 부모의 등쌀 혹은 당근과 채찍으로 억지로 공부했던 학생들이 대학에 가서 공부에 대한 흥미를 잃게 되는 경우가 발생한다면 바로 이런 외재적 동기가 가진 휘발성 때문이라고 보면 되겠지. 외재적 동기보다 더욱 강력한, 특히 지속가능한 동기를 찾아야만 해. 그것이 바로 네가 언급한, 너를 앞으로 나아가게 만드는 삶의 '원동력(drive)'일 거야.

연구자들은 지속가능한 삶의 원동력을 주는 동기를 다름 아닌 '내재적 동기'라고 주장한단다. 내재적 동기의 기원은 바로 우리 마음속이야.

아빠가 대학시절에 갑자기 공부가 좋아지게 된 것은 바로 공부가 주는 재미와 즐거움을 발견했기 때문이라고 했잖아. 가르치는 희열과 배우는 학생들이 아빠를 선생님으로 여기고 따르는 일, 이것은 아빠에게 엄청난 뿌듯함과 기쁨을 주었고, 이는 아빠 마음속에서 남몰래 벌어진 일이었지.

그래서 남들이 아무리 아빠를 향해 돈 받고 가르치는 학생들도 아닌데 그들을 가르치기 위해 왜 그렇게 많은 돈을 써가며 책을 사느냐고, 왜 그리 쓸데없는 공부한다고 시간을 낭비하느냐고 물어도 소용없었단다. 이미 아빠 마음속 감정이 아빠에게 엄청난 추동력을 준 다음이었기 때문이지.

그래서 내재적 동기에서 비롯된 삶의 원동력은 나만이 간직한 비밀일 수도 있단다. '아무도 몰라도 돼. 나는 이 가르치는 즐거움이 얼마나 내가 살아 있음을 느끼게 만드는지 너무도 잘 아니까, 다른 사람들이 몰라줘도 상관없어!' 이런 내 마음속 비밀을 소중하게 여기는 힘이 바로 삶을 이끌고, 어떤 위기에서도 다시 일어나게 만드는 진정한 원동력이 아닐까?

"나를 살고 싶게 만드는 힘,
삶의 원동력을 찾고 싶어요."

타인과 뜨겁게 연대할 때 작동하는 힘 _____

아빠는 내적인 동기가 추동하는 가장 강력한 원동력은 항상
'타인'과 연관되어 있다고 믿는단다. 우리는 매사에 자신만을
위한 선택과 타인을 먼저 배려하는 선택 사이의 갈림길에 설
때가 많다. 아마 너도 마찬가지일 거야.

예컨대 가끔 아빠는 복잡한 퇴근길에 얄밉게 갑자기 아빠 차
에 앞코를 들이대면서 끼어들기를 시도하는 운전자를 만날
때가 있다. 항상 두 가지 선택에 놓이게 되지. '질서를 무시하
는 밉상에게 절대로 내가 먼저 양보할 수는 없어'라는 마음과
'여기서 내가 양보하지 않으면 이 운전자는 더 큰 곤경에 빠
지겠군. 내 앞으로 들어오도록 양보하자'는 마음이 짧은 시간
다툼을 벌인단다.

그 찰나의 순간, 아빠가 어떤 행동을 하는가는 그날 컨디션에
도 좌우되는 것 같아. 하루 종일 회의에 시달리고 마음이 강
퍅해진 날에는 아마도 아빠는 '절대 양보금지'의 태도를 취할
지 모르겠다.

연구자들 중에는 이타적인 행동 이면에 이기주의적 요소가

작용하고 있다고 주장하는 경우도 있어. 자신의 사회적 위치로 인해 존경받고 다른 사람들에게 더 좋은 평가를 받기 위해서, 혹은 타인을 돕지 않아서 드는 죄책감을 미연에 방지하기 위해서 무의식중에 그런 이타적 행동을 하게 된다는 거지.

예를 들면 아빠 차 앞에 끼어들기를 시도하는 사람이 바로 아빠의 직장 동료라고 가정한다면, 아빠는 기꺼이 그 동료에게 양보하는 행동을 하겠지. 그건 아마도 아빠가 동료로부터 오는 부정적인 평가를 피하기 위한 이기적인 선택일 수도 있을 거야. 하지만 아빠는 우리가 행하는 모든 이타적인 행동의 배후에 정말로 이기적인 목적만 있다고 믿진 않는다.

가끔 도움을 주지 않아도 양심적으로 꺼릴 것이 하나도 없는 상황에서, 혹은 사회적 평가와 무관하게 아무도 보지 않는 시간과 장소에서도 변치 않고 다른 사람들을 위해 이타적으로 행동하는 이들을 종종 만날 때가 있거든.

그럼 이런 사람들의 이타적 행동은 어떻게 설명할 수 있는 거지? 궁금하지 않니? 그저 태어날 때부터 유전자가 아주 특별한 사람이거나, 아니면 거룩한 습성을 평생 갈고닦은 수도자

라고 여겨야 할까? 그런 사람들의 면면을 보면 꼭 그런 것 같
지는 않았어.

아주 다행스럽게도 이런 아빠의 의문점을 풀어준 연구들이
최근에 아주 많아졌단다. 뇌기능의 작용을 보여주는 기능적
자기공명영상(functional MRI) 연구들이 많아지면서 이런 이
타적인 행동의 무의식적 동기에 대한 해답이 생겼지. 연인 간
뜨거운 사랑을 하는 뇌기능을 찍은 사진, 이타적으로 아기를
돌보는 모성애를 발휘하는 뇌기능을 찍은 사진, 장애아동을
돌보는 자원봉사자들의 뇌기능을 찍은 사진이 모두 매우 유
사하게 작동하는 모습을 발견했어. 모두 공통적으로 희열감
을 주는 중추가 포함된 뇌의 변연계 활성화와 관련이 있다는
거야.
우리 인간의 뇌는 대상이 연인이든, 자신이 낳은 자녀이든,
때로는 전혀 모르는 사람이든 그 대상과 뜨겁게 연대할 때 최
고의 희열감과 기쁨을 주는 뇌로 설계되어 있다고 말할 수 있
을 거야. 물질적인 보상을 주거나 대단한 상을 받아서가 아니
라, 사랑과 연대를 통한 기쁨의 느낌 그 자체가 우리 뇌 안에

서는 최고의 보상이라고 할 수 있는 거지.

그래서 '타인'과 연대하면서 마음속 깊은 곳에서 만들어지는 '내재적 동기'는 이 세상에서 가장 강하고 지속가능한 원동력이 될 수 있는 것이라고 아빠는 생각해.

다함이가 앞으로 어떤 직업을 선택하고 어떤 일을 하면서 살아가든지, 타인과 관계를 맺으면서 만들어지는 희열과 타인의 아픔에 공감하면서 느끼는 연대감을 가장 귀한 원동력으로 삼으며 살기를 간절히 바란다. 그것이 너를 가슴 뛰게, 그리고 가슴 벅차게 만드는 연료가 될 테니까.

또 연락하자.

2024년 7월 29일
다함이를 늘 응원하는 아빠가

네 번째 편지

"
인간관계에는 정답이 없다지만
나름의 답을 찾고 싶어요.
"

아들

아빠,

군 생활의 시작이었던 겨울이 가고, 긴장과 추위로 얼어붙은 몸을 만개한 꽃들의 향기로운 바람으로 녹이는 봄을 지나, 아직도 빠른 계절 변화에 약간 혼란스럽지만 어느새 찬란하고 싱그러운 여름이 왔어요.

묘한 향수를 불러일으키는 매미소리부터 이제서야 존재감을 드러내는 추위에 숨어 있던 풀내음, 하늘이 슬픈 듯 멈추지 않을 것처럼 내리는 빗줄기들까지 혼란스러운 듯하지만 찬란한 이 계절의 위세를 당차게 주장하고 있는 느낌이 들어요.

"요즘 부쩍 외롭다 싶더니, 가을이네. 나 가을 타나봐."
제가 입대할 때 전역하던 한 선임이 한 말이에요. 전 요즘 이 말에 절절히 공감하고 있어요. 계절의 변화를 인지하기도 전에 몸과 마음이 먼저 반응하는 느낌이랄까요. 왜, 유독 사람에 대한 갈망이 짙어지는 시기. 누구나 가끔씩 주기적으로 온다고 생각해요. 그게 공교롭게도 그 선임에게는 가을이었던 거고요.
혼란스러운 듯 어리숙하지만 변화에 부딪치면서도 찬란한 여름이 삶에서의 사계절 중 제 나이대를 가장 잘 표현한 계절이라고 느껴서일까요. 지금까지 저에게 피부 속 깊이 파고드는 계절은 늘 여름이었어요. 공교롭게도 제가 태어난 달, 지금 8월과 같은….

이전 편지에서 언급했듯이 전 사람이 정말 좋아요. 제 원동력 그 자체이자 살아 있음을 느끼게 해주는 가장 큰 힘이라고 말

쏟드렸었죠. 제가 소중하다고 생각하는 사람들 없이는 '나'라는 사람을 정의하는 게 불가능할 정도로 애착이 있어요.

이전에는 타인과의 관계가 제 삶의 원동력에 이렇게 큰 영향을 끼쳐도 괜찮은 것일까 고민스러웠는데, 지난 번 아빠 답장을 보고 참 다행스럽다는 생각이 들었어요. 타인을 '위해서' 하는 무엇인가가 내재적 동기가 될 수 있다고 말씀하셨으니까요.

그런데 아빠, 이곳 군대에서 시간이 흐르며 제 자신도 눈치 못 챌 정도로 조금씩 제 마음속에 새로운 감정이 자리 잡고 있다는 사실을 깨닫게 되었어요.

타인에 의한, 타인을 위한 삶이 당연하고 자연스러웠던 제가, 요즘에는 혼자인 상황에 상당히 초연해지고 있기 때문이죠. 이젠 오히려 혼자인 상황을 선호할 때도 생기는 걸 느껴요.

근데 또 웃긴 건 뭔지 아세요? 분명 과거의 저는 제 스스로가 타인과의 관계에 과하게 의지한다고 생각해서 늘 독립적인 어른이 되고 싶었던 것 같거든요. 근데 막상 혼자인 상황에

초연해지니 이건 나답지 않다고 부정하고 싶어지는 것 있죠?
어릴 때 그토록 원하던 독립심이 생겼는데 왜 부정하고 싶어
하는 걸까, 다시 고민해봤어요.

'독립심? 아니야, 이건 독립심이 아니라 외로움이었던 것 같
아. 그저 외로움의 빈도수가 늘어서 혼자인 것에 익숙해졌을
뿐인 거야.' 그리고 그런 제 모습을 보면서 어색하게 느껴져
부정하고 싶어지는 거예요. 이게 제가 현재 판단한 엉성한 제
자립심의 현 주소가 아닌가 싶어요.

아빠, 외로움이란 감정은 뭘까요? 인간은 외로움이란 감정을
왜 느낄까요? 왜 굳이 그런 걸 느껴야 할까요? 그런 점들이
궁금해졌어요. 때때로 연인, 가족, 친구와 함께 있을 때마저도
외로움을 느끼는 이유가 뭘까요?

저는 이 외로움의 감정은 자신이 완벽하게 이해받고 싶다는
욕구에서 비롯된다고 생각해요. 자꾸 기대를 거는 거지요, 타
인한테. 하지만 이런 기대가 타당한 걸까요? 우린 타인이 직
접 되어보지 않고서야 완벽하게 타인을 이해하는 게 가능하
지 않잖아요? 누군가를 필요로 하는 우리들이 타인들에게 완

벽하게 이해받는 것, 그리고 더 나아가 그들을 완벽하게 이해하는 것이 과연 가능한 존재들일까요?

저는 그래서 인간은 근본적으로 고독하다고 결론 내리게 된 것 같아요. 그렇기 때문에 언제부턴가 만성적인 고립감은 현대인들의 일상이 된 것이 아닐까요? 그리고 그게 앞으로도 제가 수없이 겪게 될 미래인 걸까요? 아빠는 철없다고 하시겠지만, 전 아직 어리광을 더 부리고 싶은데. 예외라는 걸 믿고 싶은데….
인간이란 뭐길래 당연하다는 듯이 제 인생의 우선순위에서 내려올 기미가 안 보일까요? 인간관계, 참 어려워요. 그렇죠?
사실 인간의 근본적인 고독함에 대해서 이야기하긴 했지만, 인간은 지연과 혈연으로 이어진 그 섭리를 거스르면 무너지기 쉬운 존재가 될 거라는 생각도 있어요. 이처럼 인간관계에는 정답이 없다는 걸 저도 알고 있어요. 모든 인간의 지속적인 숙제이자 딜레마일 듯한 이런 인간관계를 통달한 사람도 과연 있을까 싶기도 하고요.

"인간관계에는 정답이 없다지만
나름의 답을 찾고 싶어요."

오늘 편지는 거의 독백처럼 되어버렸네요. 인간관계에 대해 학문적으로 접근한 경험이 있는 아빠의 식견으로는 어떤 답변을 주실지 궁금해요. 아빠의 인생 경험을 바탕으로 제게 해주고 싶은 말들을 아낌없이 다 해주셨으면 좋겠어요.

2024년 8월 5일
아들 다함 드림

사랑하는 아들 다함,

네 편지 잘 받았어. 다함이가 이 땅에 태어난 날도 곧 다가오
는구나. 진짜 그래서일까? 8월에 유난히 더욱 네 자신과 주변
사람들과의 관계를 숙고하게 된다면, 그건 정말 네가 다른 사
람과는 달리 여름을 타는 사람일 수도 있겠다 싶었다.

아빠는 가을을 타는 사람이라고 생각했던 적이 있었어. 3월
에 시작하는 봄 학기보다 9월에 시작하는 가을 학기가 훨씬

힘들게 느껴졌어. 일 년을 언덕 위를 달리는 장거리 경주라고 생각하면, 9월에 접어들면 내리막길이 시작되면서 내 몸과 마음이 금방 지치고 정신없이 달리는 기분이 들었거든.

그러던 어느 날 진짜 이유를 알게 된 적이 있어. 미국의 유명한 가족상담 연구자와 대화를 하다가 가을에 더더욱 울적해진다는 아빠의 말을 들은 그가 아빠 마음을 깊이 탐색하기 시작한 거지. 이때 놀랍게도 아빠가 9월에 그런 외로움과 우울감에 시달렸던 이유를 스스로 발견하게 되었어.

아빠의 아버지(그러니까 넌 만난 적 없는 네 할아버지)가 너무 갑자기 돌아가셨는데, 돌아가신 날짜가 9월 말경이었어. 무의식중에 아빠는 선친의 상실을 슬퍼하는 구체적인 애도를 하는 대신, 계절을 핑계로 진짜 감정을 슬쩍 피해가고 있었던 거야.

외로움, 그것이 알고 싶다 _____

다함이가 편지에서 언급한 것처럼 외로움은 인간의 가장 보편적인 감정일거야. 실은 그런 감정을 가지게 된 이유가 있단다. 인간은 태어나자마자 부모의 품을 떠나 걸어다니거나 독립할 수 있는 생물학적인 여건이 전혀 주어지지 않거든. 그러니 다른 포유류 동물보다 오랜 시간 주위 사람들(유아기 시절에는 특히 부모님)의 절대적인 돌봄과 보호가 필요한 거지.

이런 사람들의 도움은 그저 생물학적인 생존에만 필요한 게 아니란다. 갓난아이에게 꼭 필요한 것은 심리적인 생존이야. 먹을 것과 잠잘 수 있는 여건뿐 아니라 환경으로부터 오는 불안을 견딜 수 있도록 눈을 마주쳐주고 감정을 맞추어주는 애착 대상이 절대적으로 필요한 거지.

그런 의미에서 갓난아이부터 우리 인간은 이미 관계적인 존재로 태어난 거지. 엄마나 아빠 손을 잡지 않고 걷게 되는(어떤 포유류 동물은 태어난 직후 가능할 수도 있지만 인간은 최소한 10개월 정도가 걸리는) 때가 오게 된다면, 이를 신체적인 독립이라고 할 수 있지.

조금만 더 커도 아이들은 어른들과 똑같이 생각하고 행동하는 존재로 인정받고 싶어 한단다. 예를 들면 다함이 같은 남자 아이의 경우 2~3세만 되어도 길을 걸을 때 엄마나 아빠 손을 꼭 잡고 걷는 것을 불편하게 여긴단다.

그 이유는 내가 원하는 방향으로 가고 싶은 욕구나 가게 창문으로 보이는 물건들을 신기해하는 호기심 같은 것들이 생기기 때문이지. 그래서 손을 뿌리치고 가는 아이의 경우, 이미 심리적인 독립을 시도하고 있는 중이라고 생각해도 무리가 없을 거야.

그런데 우리가 어린 시절 이런 신체적인 독립이나 심리적인 독립을 간절히 원한다고 해도 부모님과의 관계 자체를 불필요하게 여기는 그런 상태가 독립은 아니라고 생각해. 오히려 엄마나 아빠가 지켜주는 관계의 범위 안에서 나름 '안전한' 독립을 추구하는 상태라고 보는 게 맞을 거야.

아빠가 미국 유학 시절에 너를 낳고 키울 때, 가끔 미국의 부모들이 3세 정도 되는 남자아이와 손을 잡고 다니지 않고 아이의 몸과 부모의 몸을 2미터 정도 되는 줄로 묶고 다니는 모습을 본 적 있어.

그때는 무슨 강아지처럼 저런 줄을 매고 다니는지 아주 한심하게 느꼈거든. 그런데 훗날 생각해보니, 사방의 궁금한 것을 멈춰서 보고 싶고 스스로 만지고 싶어 하는 아이에게 최소한

의 심리적인 독립을 보장하는 태도에서 기인한 장치임을 알
게 되었단다.

본시 인간관계란 우리 인간이라는 존재에게 태생적으로 생존
을 위한 기본적인 틀이라고도 볼 수 있을 거야. 그러니까 관
계를 상실하거나 관계의 질이 떨어질 때 느끼는 인간의 외로
움이란 어느 문화권이든지 가장 보편적인 감정들 중 하나라
고 여겨도 틀림이 없을 것 같구나.
네가 말한 그대로 외로움이란 관계를 맺고 싶어 하는 인간의
기본적인 욕구와 관련이 있는 거지.

가족이나 연인, 그리고 친구들과 함께 있을 때 생기는 외로움
은 관계 욕구가 충분히 충족되지 않을 때 자연스럽게 발생하
는 거란다. 네 말처럼 관계가 깊어지길 원하는 대상일수록 자
신을 완벽하게 이해받고 싶은 욕구가 있을 테니 말이야.
'그래도 부모라면' '그래도 연인이라면' 남들보다 훨씬 나의
마음을 잘 이해하고 공감해주길 바라는 관계 욕구가 크기 마
련이지. 관계가 깊지 않은 타인과는 작은 밥그릇 정도의 욕구

만 충족되어도 만족한다면, 좀더 가까운 가족이나 친구의 경
우에는 커다란 물동이가 넘치도록 충족되어야 만족할 수 있
다고 해야 할까. 그래서 관계 욕구는 질적인 충족감이 더욱
중요한 것 같아.

그런데 관계 욕구의 크기가 점점 커진다는 것은 관계가 긴밀
해진다는 뜻인 동시에, 충분히 충족되기는 점점 어려워진다
는 의미이기도 하단다. 이게 깊은 관계를 맺은 사이에서 오히
려 더 큰 상처를 받게 되는 이유이기도 한 것 같다.
다함이의 지적처럼 타인과 내가 완벽하게 서로를 이해하는
건 이론상으로도 실제로도 불가능한 일일 거야. 그런데 아이
러니하게도 관계가 깊어질수록 서로에게 그런 완벽한 이해를
요구하게 되는 상태로 빠져들게 된단다.

아빠가 오래전 한 라디오 방송에 패널로 출연했을 때 사회를
보던 아나운서가 갑자기 대본에 없는 돌발 질문을 했어. "교
수님은 관련 연구를 많이 하셔서 인간관계의 달인이실 것 같
은데, 교수님의 인간관계 중 가장 어려운 관계는 어떤 관계라

고 생각하시는지 궁금해졌어요."

혹시 아빠가 뭐라고 답변했는지 다함이는 예상할 수 있겠니? 그때 아빠는 바로 대답했어. "뭐, 그렇게 당연한 걸 물으세요. 제게 제일 어려운 관계는 가족 관계입니다."

아빠의 답변에 사회자는 놀라는 눈치였어. 누구에게나 가족 관계는 가장 친밀하고 손쉬운 관계라고 여겼기 때문이겠지. 30년 넘게 가족상담을 해온 전문가 입장에서 보면, 꼭 위기가정이 아니더라도 어느 가정이나 가족 관계의 질을 높이는 것은 엄청나게 어려운 과제란다. 그 이유는 간단해. 가족 구성원을 향한 관계의 욕구가 남들보다 훨씬 더 크기 때문이지.

관계에도 거리두기가 필요해 _____

아빠는 중학교 때 처음으로 부모님과 함께 뷔페식당에 간 적이 있어. 차려진 반찬이나 음식의 양에 감복하면서 두세 끼분량을 배에 담겠다는 의지에 불타 전투적으로 먹었던 기억이 있단다.

그때만 해도 생전 처음 보는 음식들도 있어서 차려진 모든 음식을 한 번씩은 다 먹어보겠다는 의지가 더 강했던 것 같아. 물론 지금은 뷔페식당에 가도 예전의 그런 전투력을 발휘하진 않겠지. 달라진 점이라면, 이젠 꼭 먹고 싶은 음식, 좋아하는 음식만 집중해서 먹는 방식으로의 변화랄까?

예전에는 음식의 숫자나 양이 중요했다면, 이젠 음식의 질이 중요해진 시대에 살고 있다. 그래서 한두 가지 음식만 잘 하는 맛집이 훨씬 인기가 좋지 않니? '양(量)보다 질(質)'이라는 구호가 꼭 음식에만 해당하는 것은 아닌 것 같아. 인간관계에 대한 오랜 연구나 아빠의 실전경험에 따르면 바로 인간관계에도 '양보다 질'이 훨씬 중요하지 않나 싶다.

예전 대가족 시대(조부모와 부모, 그리고 자식 3대가 함께 사는 가족)에 비해 핵가족 시대 가족구성원의 숫자가 현격하게 줄면서 가족관계가 훨씬 힘들어졌다고 보는 전문가도 있단다. 가족구성원이 많으면 많을수록 다양하게 관계를 맺는 경험을 할 수 있는 기회가 많아진다고 보는 거지. 아빠는 동의하지 않아. 가족구성원 숫자가 줄어서가 아니라 관계의 질을 세밀하게 챙기지 않은 탓이 더 크다고 보기 때문이야.

'우리가 모든 인간관계에 통달할 수 있을까?' 이런 질문도 관계의 질보다는 양을 먼저 고려하는 질문 같다. 예컨대 부모나 친구들, 그리고 사회에서 만나야 하는 수없이 많은 사람들 모두와 관계를 잘 맺을 수 있냐는 질문이니까. 그런 의미에서는 아빠도 네 말처럼 모든 인간관계에 통달한 사람은 없다고 생각해.

하지만 관계의 '양보다 질'을 먼저 챙기는 사람들은 분명 존재한다. 그런 사람들은 인간관계를 피할 수 없는 짐이라고 여기지 않고, 행복감을 주는 선물처럼 여길 수 있다고 믿는다.

요즘 SNS를 열심히 하는 이들의 경우를 보면, '좋아요'의 개수나 온라인 친구들의 숫자를 늘리는 데 지나친 관심이 생기는 것이 자연스런 경향인 것 같더라. 놀랍게도 그런 사람들은 관계의 질에는 별 관심이 없더구나. 하지만 관계의 양에 너무 강박적으로 매달릴 필요는 없다고 생각해.

그렇다면 관계의 양보다 질을 우선시하는 방법은 뭘까?

먼저, 관계에서 가장 위험한 생각은 상대와 내가 꼭 같은 생각과 감정을 가지고 있어서 말 안 해도 잘 통할 수 있다고 믿는 신념이야. 가끔 아빠에게 가족상담을 받으러 온 부부들이 서로 다툴 때 보면, 후렴구처럼 던지는 말이 있단다.

"아니, 몇 년을 같이 살았는데, 그걸 내가 굳이 이야기해야 돼! 네 마음을 그렇게도 몰라?!"

부부처럼 서로에게 관계의 욕구가 남달리 크고, 관계의 질이 높기를 바라는 사이일수록 자신과 배우자는 결코 같지 않다는 사실을 명심해야 된단다. 이런 사실을 망각하고 갈등을 지속하다 보면, 한때는 가장 사랑하는 사이였던 부부가 이젠 관계를 하루도 이어가기 힘들다며 그 관계를 끝내고자 하는 일도 발생한단다.

아빠가 코로나19 팬데믹 상황에서 배운 유익한 단어가 하나 있었다. 바로 '사회적 거리두기'라는 단어지.

우리처럼 친밀한 관계를 거리가 전혀 없어야 하는 관계라고 믿는 사회에선 여간 불편한 일이 아니었다. 지하철을 타기 위해 줄을 설 때 2m를 떨어져 있으라고 강조해도 아무도 정확하게 지키는 법이 없었지. 우린 만원버스나 지옥철을 타고 등교하고 출근하는 문화에서 서로 거리를 전혀 두지 않고 사는 게 너무나도 익숙했으니까.

하지만 인류 전체를 바이러스 공포로 몰아간 팬데믹으로 인해 우리는 '거리두기'란 것이 나 자신과 상대방, 사회 전체, 아니 지구 전체를 위해 필요한 그 무엇임을 피부로 체감하게 되었던 거지. 아빠는 우리 인간관계에도 반드시 필요한 게 바로 '관계의 거리두기'라고 생각했어. 그래서 팬데믹이 끝나기도 전에 『관계에도 거리두기가 필요합니다』라는 책을 출간했던 거야.

우리가 맺는 모든 관계에도 자신과 상대방은 분명 전혀 다른 사람들이고 전혀 다른 생각과 감정을 가질 수 있다는 전제 하에 둘 사이의 안전한 공간이 유지되도록 하는 '거리두기'가 필수적이라고 아빠는 생각한다.

아까 미국 부모들이 세 살배기 자녀들을 끈으로 묶어서 길거리를 다니더라고 했지. 무조건 아이 손을 붙잡고 꼼짝 못하게 통제하는 부모들과는 사뭇 다른 속뜻이 담긴 장치였어. 아이들이 안전한 거리 내에서는 자신의 욕구를 충분히 충족시킬 수 있도록 돕는 역할을 하는 거였지.

부모와 자녀 사이 끈으로 연결되어 있는 안전한 공간은 그저

"인간관계에는 정답이 없다지만
나름의 답을 찾고 싶어요."

물리적으로만 안전한 공간일까? 아니, 이 안전한 공간은 분명 아이들에게 자유롭게 자기 생각과 감정을 충족시키도록 만들어주는 심리적 공간도 되어준단다.

그런 의미에서 심리적으로 '안전한 공간'이란, 자신과 상대방의 욕구나 느낌을 모두 꺼내놓고 조율하는 공간이라고 정의하고 싶구나.

'거리두기'가 없는 관계에서는 자신만의 일방적인 바람이나 감정을 무조건 동의하거나 따라와주길 요구하게 된다. 관계가 친밀해지면 당연히 자신의 마음과 상대방의 마음이 모든 면에서 일치되어야 한다고 굳게 믿게 되는 거지.

그래서 상대방에게 자신의 바람이나 감정을 표현조차 못하는 사람은 그 상대방과의 관계가 점점 불편해지기 시작하겠지. 하지만 가족관계나 연인관계처럼 갑자기 끊어낼 수 없는 사람과의 관계라면 그 관계 안에서 안전한 공간을 마련하지 못하고 자신은 욕구도, 느낌도 없이 사는 유령처럼 존재하는 상태가 되고 마는 거야.

기름기 없는 살코기 관계가 좋다고? _____

다함아, 아빠가 여러 해 전 한 방송 강연 프로그램에 나간 적이 있었거든. 그때 주제가 '인간관계'였고, 청중이 모두 20대 초반의 래퍼들이었단다.

녹화를 하는 도중 짬짬이 마침 너와 또래인 2000년대생 청년들과 속 깊은 대화를 나눌 수 있었던 기회였지. 그때 들었던 말인데, 자신들의 세대를 '살코기' 세대라고 한다는 거야.

살코기 세대가 뭐냐고 물었더니, 기름기가 약간 있는 고기가 맛도 있지 않느냐면서, 살코기는 퍽퍽해서 아주 최소한의 양만 먹게 된다는 거지. 그래서 살코기 세대란 인간관계를 살코기처럼 여기는 세대라는 거야. 아주 최소한만. 퍽퍽하게. 그래서 기름기가 없다는 말의 의미는 웬만하면 공식적인 관계만 맺고, 자신의 마음을 이해받고 깊은 관계로 이어질 것이란 기대를 아예 포기한다는 뜻이었어.

아빠는 그 말을 듣고 한편으로는 이해가 되었지만, 한편으로는 너무 마음이 아팠단다. 기름기 있는 맛있는 고기를 간절히 원하지만 지레 포기하는 마음이 느껴져서이지.

관계를 잘 맺고 싶은 욕구가 아예 처음부터 없었던 것이 아닐 거야. 분명 욕구나 기대가 컸었는데 충족되지 못하고 상처받는 일이 반복되었겠지.

아빠는 그때도 생각했어. '이 친구들의 인간관계에는 거리두기가 전혀 없었던 모양이다.' 아마도 일찍 사회생활을 했던 래퍼들이라 선배나 어른들이 자신의 바람이나 느낌을 쏟아내고 강요하기만 했던 건 아닐까? 20대 래퍼들이 자신의 생각이나 감정은 꺼내놓을 공간도 없고 늘 무시당하는 경험이 쌓였던 것은 아닐까?

보통 직장인들에게 인간관계에 대한 설문조사를 하면 보통 60% 정도는 인간관계에 만족한다고들 답변하지만, 거의 똑같은 60% 정도가 인간관계를 정리할 필요를 느낀다고 답변한다는구나. 약간 이상하지만 이런 현실이 바로 인간관계를 맺는 일이 결코 쉽지 않다는 사실을 증명하는 조사결과가 아닌가 싶다.

녹화중 아빠가 가장 충격이었던 사실은 참석한 래퍼들 중 여러 명이 자신들은 일 년에 한 번 연중행사로 '인맥 다이어트'를 한다고 말하는 것이었어.

신조어에 약한 아빠가 그 뜻을 물었지. 그랬더니 일 년에 한 번씩은 스마트폰을 통째로 버리고 새로운 번호로 다시 시작한다는 거야.

굳이 멀쩡한 폰을 버리고 새 번호를 받는 이유가 궁금했지. 그랬더니 그 이유도 관계를 정리하기 위함이라는 거야. 보통은 폰을 교체할 때 저장된 전화번호를 전부 옮기는 게 중요한 일인데 '인맥 다이어트'는 저장된 번호를 전부 포기하는 게 중요한 포인트더구나.

그래도 당장 필요한 번호도 있을 텐데 불편하지 않느냐고 했더니, 불편한 것보다도 일정 정도 기간이 지나면 무조건 자신의 모든 관계를 새롭게 포맷하는 상징성이 있는 행위 같더구나. 정말 중요한 관계라면 다시 새 번호를 알려주고 상대방의 번호를 다시 저장하면 된다고 하더라고. 그때 네 또래 래퍼들도 너와 비슷한 이야기를 했던 것으로 기억해. 어차피 인생은 혼자 아니냐고 하면서.

아빠는 그때부터 다함이 같은 Z세대들에게 관계의 거리두기
를 알려주고 싶은 간절한 마음이 들었다. 다함이처럼 인간관
계가 인생순위에서 높은 순위를 차지하는 사람일수록 양보다
관계의 질을 높이는 방법, 그리고 관계의 거리두기를 시도하
는 방법을 알려주고 싶어. 사실 그리 어려운 일도 아니란다.

'사회적 거리두기'를 기억하면 좋다. 아무리 가까운 사이라고
하더라도 서로의 건강을 위해 일정 정도 공간을 두고 서 있
었던 것처럼, 관계를 맺을 때도 자신과 상대방 사이에 적절한
마음의 공간을 마련하는 거야.
그 공간에는 자신의 욕구와 느낌을 주장하는 동시에 상대방
의 욕구와 느낌도 반드시 담을 수 있어야겠지. 서로의 마음이
똑같길 바라기보다 서로 다른 마음을 조율하는 일이 중요하
기 때문이야. 아무리 내가 옳다고 믿고 좋아하는 일이라도 상
대방도 원하는지 꼭 물어보는 습관을 가져보렴.
그렇게 마음의 공간에서 상호적으로 조율하고 접점을 찾을
수 있는 관계라면 질적으로 고양된 관계로 성장시켜 나갈 수
있을 거야. 분명 우리는 실존적으로 외로움을 느끼는 존재이

지만, 또 한편 질 높은 관계로 인해 풍성해질 수 있는 존재임을 꼭 기억하면 좋겠다.

또 편지하자!

2024년 8월 8일
관계의 힘을 믿는 아빠가

다섯 번째 편지

"

내 자신이 평생 몰두할 수 있는
나만의 업을 찾고 싶어요.

"

아들

아빠,

인간은 참 피곤한 동물인 것 같아요. 저는 늘 모든 사람이 평
생 충족시키고 채워야 하는 욕구의 총량이 있다고 생각해왔
어요. 그런 욕구를 충족시켜 삶을 가득 차게 만들었을 때 우
린 비로소 만족감을 느끼는 것 아닐까, 하고요.
평생 공허함을 채워야 하는 게 인생이라면, 우리는 각자의 욕
구를 각자의 방식으로 채워가는 것 같아요. 누구는 자신의 욕

구를 저처럼 사람으로 채우기도 하고 누구는 일, 또 누구는 음식으로 채우기도 하겠죠. 이처럼 사람들은 욕구의 그릇을 꽉 채울 무언가에 미쳐 살아가는 듯해요. 하지만 결국 깊은 공허함에 사로잡혀 그 감정을 배출하게 되죠. 또다시 공허함을 없애려고 그런 자신에게 몰두하고 몰입하며 살아가는 듯합니다.

아빠, 저희 몇 번 편지하며 '몰두' '과제' '원동력' '동기' 등 다양한 것들에 대해 이야기를 나눴잖아요. 제겐 타인과의 교류에서 나오는 유대감이 큰 원동력이 되어왔다고 말씀드렸었어요. 다행히 아빠는 인간의 근본적인 외로움을 건강하게 맞닥뜨리기 위해 '관계의 거리두기'를 하는 것이 중요할 것이라 설명하시면서도, 타인을 '위해' 하는 무엇인가가 삶의 원동력이 되는 것은 자연스럽고 좋은 것이라 생각한다 말씀하셨죠. 그 말씀에 깊이 공감하며 고민을 거듭하다 보니 제가 어떤 일에 몰두하게 되었을 때 타인에게 선한 영향력을 끼치게 될 수 있을지에 대해 아빠와 이야기 나누고 싶어졌어요. 특히나 제게 꼭 맞는 '진로'에 대해서요.

일, 커리어, 미래…. 사실 군대에서 군인이 미래에 대한 고민을 한다면 아마 9할 정도는 뭘 하면서 먹고 살지에 대한 고민일 거예요. 그 정도로 '미래' 하면 가장 직관적으로 머릿속에 뜨는 건 내가 할 일, 바로 직업이 떠올라요.

바꿔 말하면 제가 가질 직업을 제외하고는 미래를 논하는 게 불가능할 뿐더러 제 미래를 좌지우지할 정도로 중요한 것처럼 여겨진다는 말도 되겠죠. 모든 사람은 사회의 구성원으로써 자신만의 직업을 가지고 살아가는 게 당연한 거겠죠.

저에게 일이란 무엇일까요? 또는 무엇이 될 수 있을까요? 자신에게 정답처럼 꼭 맞는 일은 없다지만 그래도 각자의 가치에 따라 어느 정도 잘 맞는 직업은 정해져 있는 게 아닐까요? 누구나 일에 평생 몰두하다가 그 일을 잃게 된다면 자신의 가치를 통째로 잃었다고 여기는 듯해요. 직업에 몰두하며 긴 길을 끊임없이 달려온 세상의 많은 아버지들이 그 직업을 잃으면 우울과 무기력에 빠지곤 하듯 말이에요.

근데 전 이게 멋있다고 생각해요. 자신만의 가치를 부여잡고 치열하게 살아왔다는 반증이잖아요. 그리고 그런 자신의 가치를 대표할 만한 결과물과 업적이 있다는 거잖아요. 누구나 공든 탑이 무너지면 우울하고 좌절하지 않겠어요? 이것 또한 진정한 어른이 겪는 일이라고 생각해요.

전 내세울 것도 하나 없고 제가 지키고 싶은 가치마저 아직 알지 못하는, 그럼에도 불구하고 왠지 나란 존재만으로 평생 사랑받을 수 있다는 허황 가득하고 순진한 이상주의자에 불과한 상태인 것 같아요. 엄마 아빠는 제가 학교에서 낮은 성적을 받아오는 날에도 변함없이 따뜻한 밥을 해주셨듯, 앞으로도 저는 이 정글 같은 사회 속에서 제 존재만으로 사랑받을 것이란 착각 속에 있는 거죠.

혹자는 제 영혼이 맑고 건강하다고 여길 수도 있겠지만, 전 정말 위험한 상태인 것 같아요. 이런 해맑은 순진함이 저를 먹여살려주진 않잖아요.

친구들끼리 좋아하는 사람이 있으면 어떻게 다가갈 거냐고 이야기를 한 적이 있어요. 그때 전 문득 생각해봤는데, 항상 저 자신을 지금 있는 그대로 보여주고 싶어 했던 것 같아요. '누구라도 내 편으로 만들 수 있어!'라고 자신하기 때문이라기보다는 꾸밈없는 내 자신을 보여줬는데도 나를 사랑하지 않으면 내 존재에 어떤 마스크를 덮어씌워도 사랑받기 힘들 거라는 생각 때문이었어요. '포장된 마스크를 보고 잠시 사랑하더라도 마스크가 벗겨지면 사랑이 오래가지 않겠구나' 하는 우려가 있었던 거죠.

요즘엔 이게 얼마나 웃긴 생각이었나 하는 마음이 들어요. 나 스스로를 잘 알지 못해 표현해내지도 못했으면서, 내세울 것 하나 없이 저의 투명한 마음만 보여줘도 사회에서 평생 사랑받을 수 있을 거란 착각이.

그래서 저를 위해서라도 하루 빨리 찾고 싶어요. 제가 스스로도 저 자신을 멋있는 사람이라고 느끼게 할 정도로 인생을 바쳐 몰두할 저의 가치와 업을!

제가 갈 길은 아직 감이 안 잡히지만, 추상적으로는 길이 보여요. 저의 원초적인 욕구를 파헤쳐보았을 때 전 세상에 무언가를 남기고 싶어 하는 것 같아요. 무언가를 창조해서 내 안에서 무언가를 낳아서 세상에 내 흔적을 남기는 창조물. 그게 작품이든, 브랜드든, 미디어든, 나만의 것!

"내 자신이 평생 몰두할 수 있는
나만의 업을 찾고 싶어요."

비교가 될지 모르겠지만 부모들이 아이를 낳고 나면 그것이
인생의 전환점이 되어 자식 하나만 바라보고 자녀에게 인생
을 바쳐 사는 것도 같은 느낌이라고 생각해요.
이처럼 차근차근 나에게 맞는, 내가 몰입할 수 있는 길을 찾
아가고 싶어요. 사실 기대되기도 해요. 젊음을 믿고 많은 시
도와 경험을 해보며 부딪치고 단단해질 제 자신이. 왜 그런
말도 있잖아요. 헤매는 만큼 내 세상이라고.
제발 그 끝은 창대하리라는 근본 없는 바람과 함께.

아빠도 한 길의 정점에 다다른 사람으로서 저에게 해주실 말
들이 참 궁금해요. 아빠가 본 저는 어떤 길이 어울릴까요?

2024년 9월 15일
아들 다함

사랑하는 아들 다함에게,

편지 잘 받았어. 이제 다함이도 평생을 바칠 네 자신만의 업
(業)을 서서히 찾아볼 마음을 먹게 되었구나. 대견하다.

우리나라는 어린 시절에 장래 희망이나 꿈을 물어보면 늘 직
업으로 대답하는 경향이 많은 것 같아. 물론 이런 모습은 모
두 대한민국 부모들이 자녀에게 은근히 강조하는 '장래 꿈 =

"내 자신이 평생 몰두할 수 있는
나만의 업을 찾고 싶어요."

직업명'이란 오리엔테이션 때문일 거야. 부모가 의사나 변호사, 혹은 대기업 사원의 꿈을 수시로 불어넣으면, 자녀는 자연스럽게 그런 직업이 자신의 미래 모습을 자리매김하는 것처럼 착각하게 된 거겠지.

네가 사용한 평생의 '업(業)'이란 단어를 너는 '직업'의 준말처럼 사용한 걸 거야. 그런데 그 '업(業)'이란 단어가 불교 용어이기도 한 걸 아니?

'업(業)'은 산스크리트어로 '카르마(karma)'라고도 불리는데, 불교에서는 가장 중요한 단어 중 하나란다. 특히 불교 윤회사상에서 '업'은 아주 중요한 개념이야. 긍정적인 행동을 하는 것은 좋은 '업'을 쌓아 다음 생에서는 더 나은 상태로 태어나게 한다고 보는 거지.

그래서 불교에서의 업은 다른 사람이나 세상을 향한 도덕적 책임을 강조하는 개념이기도 하단다. 평생 오직 자신에게 유익한 일만 도모하는 사람은 좋은 업을 쌓을 수 없다고 보는 거니까.

평생의 업은 '꿈 너머 꿈'을 찾는 일 _____

요즘 정말 안타까운 건 자기 자신만을 위한 직업을 찾는 경
향이 너무 흔하다는 거야. 예컨대 의사나 변호사가 되려고 하
는 젊은이들이 참 많은데, 그런 업을 가지려는 가장 큰 이유
가 오직 자기 자신의 경제적인 안정만을 도모하기 위함이라
고 가정해봐. 아마도 그건 불교에서 평가하는 좋은 업이 될
수 없을지도 몰라.

불교에서 설명하는 좋은 업을 쌓아가는 사람들이란, 자기 유
익과는 별개로 자신의 행동이 외부 세상에 미칠 영향을 늘 고
려하면서 주어진 일을 묵묵히 수행하는 사람들일지 몰라.

심지어 불교에서는 동물과 인간은 처음부터 사이좋은 이웃사
촌이었다고 믿는단다. 그러니 동물에게 피해를 입히는 것은
인간에게 피해를 입히는 것과 다르지 않다고 보겠지. 하물며
동물이 아닌 다른 사람들에게는 어떤 태도를 취하는 것이 좋
은 업을 실천하는 일이겠니?

내가 하는 일이 바로 옆에 있는 가족과 내 가족을 벗어나 세
상 사람들에게도 어떤 영향을 미칠지 늘 고려하는 태도가 좋

은 업을 쌓아가는 기본자세가 된단다. 그래서 불교에서는 윤
회의 긴 사슬 속에서 한 번이라도 우리의 부모, 형제자매, 아
들, 딸 혹은 친인척 관계가 아니었던 존재는 아무도 없었다고
보는 자비 사상이 생겨났던 거야.

꼭 불교 신자가 아니더라도 개인이 업을 찾는 데 있어서 자신
만의 유익을 추구하는 것은 심리적으로도 그리 좋지 않다고
생각해. 일시적으로는 즐거움을 주겠지만 놀랍게도 그 효력
이 오래 지탱되지 못하더라는 사실을 아빠는 수십 년 동안 상
담 분야에서 교수직을 하면서 너무도 잘 알게 되었단다.
요즘 4차 산업혁명에 대한 두려움이 몰려오면서 아빠가 전공
하는 상담 분야 전문가가 되려고 하는 사람들이 늘어났단다.
인공지능이 침범할 수 없는 직업으로 심리상담사나 사회복지
사와 같은 돌봄 전문가들을 꼽는 경우가 많았기 때문이지. 직
업 전망이 좋다고 여겨서 이 분야에 뛰어드는 사람들이 있다
고 가정해봐. 정작 이 분야 공부를 시작해보면 학업의 강도나
양에 비해서 전문가로서 받는 경제적 유익은 그리 크지 않다
는 걸 금방 알게 되지.

그런데 이 상담 전문가가 되기 위해 석박사 과정의 긴 여정을
끝까지 견디는 사람은 어떤 사람일까? 경제적 보상이나 장래
전망을 보고 이 전문가가 되는 과정에 참여했을지라도, 결국
엔 새로운 내적인 동기를 찾아낸 사람들이란다. 경제적 보상
은 들인 노력에 비해 미미하더라도 서비스를 제공하면서 남
다른 보람을 느끼게 되는 거지. 가끔 자신의 삶을 구해줬다고
눈물짓는 내담자들을 만나게 되면 이 일을 스스로 지상 최고
의 업으로 느끼는 엄청난 동기가 생긴단다.
하지만 상담 분야 전문가 지망생이 만약 미래 직업 전망에 따
른 경제적 보상만을 원했다면 아마 한두 학기만 지나도 갑자
기 이 직업에 대한 회의와 허망감을 느끼게 될 거야. 왜냐하
면 자신의 직업에서 가족이나 주변 사람들, 그리고 세상에 쌓
아가는 업(業)으로서의 의미를 발견하지 못했기 때문이지.

아빠가 이전 편지에서 외부에서 오는 경제적 보상, 외재적 동
기는 휘발성이 유난히 강하다고 이야기했던 것, 기억나지? 결
국은 내 안에서 나만이 느끼는 심리적인 보상, 내재적 동기가
훨씬 오래 지속 가능하다는 점도 강조했었지.

그런데 이 내재적 동기라는 것이 그저 자기 자신만의 유익을
고려할 때 생기는 동기가 아니더구나. 오히려 자신과 연결된
다른 사람들이나 외부 세상에 미치는 영향력과 아주 밀접한
연관이 있다는 사실을 기억하렴.

요즘 청소년이 가장 선망하는 안정적인 직업 중 하나가 의사
인 것 같은데, 혹시 '꿈 너머 꿈'을 꾸라는 이야기를 들어봤
니? 그저 의사가 되는 꿈보다 중요한 것은 의사가 된 다음, 그
직업을 통해 어떤 꿈을 이루려고 하는지가 훨씬 중요하다는
말이야.

설사 경제적인 윤택함을 누리기 위해 의사가 되었다고 해도,
의사 직을 통해 타인과 세상에 긍정적인 의미를 전하는 의업
(醫業)을 실천하는 후속 과정이 지속적인 만족감과 행복감을
주게 되는 이치란다. 물론 사람마다 타인과 세상에 주는 긍정
적인 영향력의 내용이 조금씩 다를 수 있겠지만 말이야.

예컨대 인문계열의 최고 직종이라 여겨지는 변호사도 그저
수임료만을 목적으로 하는 것이 아니라, 본인의 고객이 누구
든 그 고객을 만족시킬 만한 판결이 났을 때 세상에 작은 변

화를 이끌어냈다는 희열을 느낄 수도 있는 거지.

그러니 아빠는 네가 얻게 될 직업 자체가 너의 최종적인 꿈이라 여기지 말길 바란다. 네가 어떤 직업을 갖든지, 그 직업을 통해 세상에 어떤 업을 쌓을 것인지 생각하며 그 과정을 꿈꾸는 일이 무엇보다 중요하다고 생각해. 그래서 아빠는 네 꿈을 '명사형'이 아닌 '동사형'으로 상상해보길 바란다.

아빠의 경우에도 마찬가지였던 것 같아. 처음에는 교수나 연구자가 되기 위해서 11년간 미국 유학생활을 하고 나름대로 열심히 노력을 했어. 그래서 꿈에도 그리던 좋은 대학에 교수로 임용되었지. 아빠의 꿈이 명사형, 즉 교수라는 직업이었다면 대학 졸업 후 10여 년 만에 꿈을 성취한 거지.

그런데 그 이후 20년 넘게 교수직을 수행하는 동안 아빠를 이 업에 몰두하게 만든 진정한 힘은 무엇이었을까? 그 힘은 아빠가 이미 20여 년 전부터 누구나 부러워하는 대학교수 타이틀이 적힌 명함을 가지고 다닌다는 사실이 결코 아니었던 것 같아. 아빠에게 지속적으로 만족감을 주고 지치지 않고 교수직을 이어가게 만든 동력은 교수활동을 통해 제자들에게 영향력을 끼치고, 더 넓은 세상에 나아가 다양한 대상들을 만나면서 강연으로 그들의 삶에 작은 변화를 만들어가는 일이었던 거야.

아빠는 네가 직업을 선택하는 데 외부적인 평가를 너무 의식하지 말기를 바란다. 외부인들이 어떤 직업을 선망하고, 어떤 직업이 더 많은 재정적인 유익이나 명예를 주는지는 그리 중요하지 않단다. 그 직업 자체가 너에게 평생을 몰입할 수 있는 동력을 지속적으로 제공하지는 않을 테니 말이야. 결국 그 직업을 통해 어떤 꿈을 이룰지가 훨씬 중요한 것이지.
그러니 네 자신을 특정 직업 안에 가두지 말고, 동사형으로 세상을 바꾸어가는 너의 역동적인 활약상, 그 모습을 상상해보렴!

나의 내면에서 해답 찾기 _____

네가 스스로 장차 어떤 일을 하면서 살지 궁금하다고 했지. 아빠도 그래.

그리고 네게 어떤 길이 어울릴지 아빠의 생각을 궁금해하더구나. 글쎄, 아빠는 네가 어떤 특정 직업이 어울릴지 구체적으로 생각해본 적은 별로 없었던 것 같아. 아마도 아빠 눈에 아직 네가 아빠 품에 있는 아이처럼 여겨져서일지도 모르겠다. 대신 아빠는 네가 스스로 선택한 일을 통해서 세상을 향해 어떤 영향력을 발휘하고 어떤 기여를 하게 될지가 정말 궁금하고, 반드시 그런 일을 찾을 수 있기를 바라는 마음은 가득하다.

그런 일을 어떻게 찾을 수 있을까? 그게 문제네.

스위스의 정신분석학자 칼 융(Carl Jung)이 이런 말을 했단다. "외부를 보는 사람은 꿈을 꾸지만, 내부를 보는 사람은 깨어난다."

아빠가 참 좋아하는 명언인데, 무슨 의미인 것 같니? 외부를 보는 사람은 꿈을 꾼다? 자꾸 외부에 눈을 돌리면서 계속 비현실적인 꿈만 꾸다가 안타깝게도 평생을 허비하는 사람들이 있는 것 같아. 이런 게 그냥 꿈만 꾸다가 깨어나지 못하는 인생이 아닐까?

한때 미국 캘리포니아 실리콘 밸리 지역에서 벤처기업을 만
든 젊은이들이 이미 30대에 엄청난 부를 축적하고 조기 은
퇴하는 일이 세상을 놀라게 한 적이 있지. 그리고 그런 벤처
사업가들을 동경해 2000년대 초반부터 소위 '파이어(FIRE)
족'이 생기게 되었단다. 파이어족은 '경제적 자립(Financial
Independence)'을 토대로 '조기은퇴(Retire Early)'를 성취한 이
들을 일컫는 신조어인 것 알지?

하지만 벤처 사업가가 아니라면 어떻게 파이어족의 꿈을 이
룰 수 있을까? 10년 전부터는 젊은이들이 20대 때부터 주식
이나 코인 투자에 엄청난 돈을 쏟아붓기도 하고, 회사 생활을
시작하면서부터 극단적인 절약을 통해 최소한 40대 초반까
지는 은퇴할 자금을 모으고자 온 힘을 쏟기도 했지.

이런 파이어족을 꿈꾸는 현상은 미국을 넘어 영국, 호주, 네
덜란드 등 전 세계로 확산되었지만 결과가 늘 좋지만은 않았
어. 허황된 꿈만 꾸다가 불행한 결말을 맞는 경우가 허다했단
다. 조기 은퇴가 아니라 오히려 극심한 우울증만 얻고 피폐한
중년기를 맞는 경우가 꽤나 많았다고 해.

누구에게나 경제적으로 부러움을 사는 외부의 특정 직군을 따라가려는 이들의 결말은 어쩌면 이미 정해져 있는 것 같다. 그들은 이루지 못할 꿈만 좇다가 끝날 수밖에 없는 운명이라면, 과연 어떤 방식으로 평생의 업을 찾는 것이 지혜로울까? 바로 자신의 내면에서 그 답을 찾는 사람들이 훨씬 지속적으로 즐길 수 있는 평생의 업을 찾을 가능성이 높다고 아빠는 생각해. 그래서 정신분석학자 융은 자신의 업을 완성하는 길은 자신의 내면에 있다고 주장한 거야. 그런 사람을 일컬어 다시 태어나는 사람, 보다 온전한 모습으로 깨어난 사람이라고 이름 붙였던 거지.

네가 평생 먹고살게 만들어줄 특정 직군을 고르는 일보다 네가 진정 세상에 보여주고 싶은 마음속 바람과 의지를 찾는 일이 매우 중요하다.
네가 이미 세상에 무언가를 남기고 싶은 내면의 바람을 찾아낸 것은 너무도 굉장한 일이야. 네 말대로 아빠도 그것이 어떤 유형의 작품이든, 심지어 무형의 모습이어도 상관없다고 생각해. 어떤 직업을 가지는지에 따라 네가 세상에 전하고 싶

은 메시지나 남기고 싶은 유산이 달라지겠지. 이게 바로 '꿈
너머 꿈'을 찾는 태도이지 않을까?

어떤 직업을 택하든 '꿈 너머 꿈', 즉 더욱 지속적인 꿈, 너의
경우에는 세상에 선한 영향력을 끼칠 작품과 유산을 남기려
는 꿈을 꾸도록 노력해보렴. 그건 네가 보다 더 큰 어른으로
깨어나게 만드는 비결이야.

페르소나에 압도되지 않기 위해서는_____

네 편지에서 좋아하는 친구에게는 '마스크' 없이 관계를 맺고
싶다고 한 말은 인상적이었어. 네가 말한 너의 원래 본 모습
을 포장하려고 하는 '마스크'란 개념을 융과 같은 정신분석학
자들은 '페르소나(persona)'라고 불렀단다.

'페르소나'는 그리스어로 연극에서 배우들이 착용한 가면에
서 유래했다고 해. 사회생활중에는 우리 모두 일반적인 사회
적인 요구나 타인들이 원하는 모습의 가면을 쓰는 것이 너무
도 당연한 일인 거야. 융도 인간은 천 개의 페르소나(가면)를
지니고, 사회생활중 상황에 맞게 적절한 페르소나를 쓰고 관

계를 이루어간다고 주장했던 거지.

정신분석에서는 이런 페르소나(마스크) 안에서 진짜 자신의 모습을 잃어가는 일은 매우 불행한 일이라고 본단다. 예를 들어 마스크 없이는 살 수 없는 사람이 있다고 생각해봐. 마스크를 쓰고 다른 사람들에게 보이는 자신의 모습만이 진짜라고 여기고, 자기 스스로도 마스크를 벗은 자신의 모습을 부끄러워한다면 어떻게 되겠니?

네가 좋아하는 사람에게는 마스크를 전혀 쓰지 않은 네 모습을 보여주는 일이 무엇보다 중요하다고 말한 것은 매우 타당한 이야기라고 아빠는 생각해. 심지어 일부 정신분석학자들은 마스크 안에 숨겨져 있는, 포장하지 않은 진짜 자신의 모습을 '참 자기(true self)'라고 부른단다.

네가 좋아하는 대상에게는 포장되지 않은 너의 '참 자기'를 공유하고 싶어 하는 태도를 취하는 것! 이것은 심리적으로 아주 건강한 일이라고 할 수 있지.

반대로 좋아하는 사람에게조차 '참 자기'를 드러내는 일을 극도로 두려워하는 사람이 있다고 가정해봐. 그런 사람은 관계를 맺을 때마다 이런 불안으로 가득하지. '아마 내 진짜 모습을 보여주면 상대방은 나에게 실망하고 결국 나를 떠나고 말거야.'

이런 사람들은 누구를 만나더라도 항상 강박적으로 상대방에게 보이는 맞춤형 마스크를 써야만 간신히 관계를 맺을 수 있단다. 이런 사람들은 아빠 같은 상담전문가에게 자신의 마스크를 벗을 수 없는 그 심리적 이유를 찾기 위한 전문적인 도움을 받아야 할지도 몰라.

대개 이런 사람들은 어린 시절 부모나 중요한 대상들에게 있는 모습 그대로 수용되고 인정받은 경험이 현저하게 적은 경우가 많단다. 때로는 비교나 비난을 당하거나 심지어는 학대를 경험한 이들이라면 더욱 사회생활을 할 때 강박적으로 두터운 마스크를 고집할 수밖에 없는 거지.

이런 경우, 강박적으로 집착하는 마스크를 정신분석학자들은 '거짓 자기(false self)'라고 부르게 된 거야. 왜 이때는 사회생활중 누구에게나 반드시 필요한 마스크(페르소나)에 부정적인 이름을 붙이게 된 걸까? 그 이유는 '거짓 자기'가 지나치게 강하면 '참 자기'를 상실하게 되기 때문일 거야. 자신의 본연의 모습, 진정한 자기를 자꾸만 감추고 살게 되면 결국 그 마스크가 스스로도 자신의 진짜 모습을 잃어버리게 만드는 역할을 할 수도 있으니까 말이야.

그러니 타인의 시각이나 인식에 지나치게 영향을 받지 않고 너의 본연의 '참 자기'를 중시하는 일은 네가 평생의 업을 갖는 일만큼 중요하다는 점을 기억하렴. 더 나아가서 아빠는 '참 자기'와 평생의 업을 찾는 일이 결코 분리될 수 없는 것이라 생각해.

자기만의 빛을 발산하는 크리에이터로 살기 _____

아빠 세대는 우리 자신보다는 우리 부모가 원하는 직장을 가지려고 부단히도 애썼던 세대인 것 같다. 사회적으로 인정받고 남들이 부러워하는 직장에 취업하는 일이 명문대학에 입학하는 일 못지않게 부모에게 효도하는 첩경이라고 여겼으니 말이야. 그래서 적성보다는 사회적 평판에 따라 전공을 정하고, 자신이 원하는 직장보다는 타인이 인정하는 직장에 가는 걸 지상최대의 목표로 삼기도 했던 거지.

그때는 누구나 그렇게 사니까 이상한 일이 아니었는데, 아빠가 30년 넘게 상담전문가로 살면서 돌이켜보니 이러한 직장관은 진정한 행복과는 거리가 먼 정반대 방향으로 살게 하는 것 같다는 생각을 자주 한단다.

아빠는 이제 네가 살아갈 새로운 세대는 다른 사람들의 외부적 시각이나 평가에서 벗어나 자신의 내면의 보석을 자유롭게 세상에 펼치는 미래를 꿈꾸기를 간절히 바란다. 가장 너다운 모습으로 사는 법은 실은 아무도 가르쳐주지 못해.

아빠가 대학원 석사과정, 박사과정을 마치고 처음으로 직장이 생기고 소속대학과 타이틀이 적힌 명함을 가졌을 때 얼마나 기뻤는지 모른다. 이때 아빠가 명함에서 가장 중요하게 생각한 건 대학의 로고와 교수 타이틀이었던 것 같아. 정작 중요한 것은 아빠 이름 석 자 권수영인데, 그건 그리 중요하게 여기지 못하고 산 것 같다는 안타까운 생각이 들어.

이제 아들은 아빠처럼 그렇게 살지 말기를 바란다. 명함에 적힌 직장명이나 네 직급보다 중요한 것은 권다함 이름 석 자란

점을 기억해라. 너의 영향력으로 인해 조직이 더욱 빛이 나고 너의 멋진 활동으로 네 직급이 무의미해지는 삶을 살거라.

네가 가진 너만의 성격과 특질은 세상에 오직 단 하나뿐인 유일무이한 재원이란다. 남들이 부러워하는 직장에 속한 너, 혹은 특정 자격증을 소지한 전문가로서의 네 모습보다 훨씬 더 중요한 것은 너만의 방식으로 자신의 일에 몰두하며 유일무이하게 창조해가는 여정이라고 생각하렴.

요즘 1인 크리에이터란 말을 자주 쓰더구나. 어떤 직장을 갖거나 어떤 일을 하더라도 너만의 빛을 발산하는 크리에이터로 살 수 있기를 바란다.

요즘 MZ세대는 디지털 AI시대에 어떤 업을 가져야 자신의 직업이 갑자기 없어지지 않고 평생 몰두할 수 있을지 고민이 많더구나. 앞으로는 평생 한 가지 일에 몰두해야만 한다는 강박도 버려야 할 것 같다. 네 말대로 아빠 세대는 '평생직장'이라는 말을 자주 했는데, 그러다 보니 그 직장에서 일을 잃으면 목숨을 잃은 것 같은 무력감에 시달리는 경우도 많았던 것 같구나.

아들, 네 말대로 젊은 시절에 조급해하지 말고 네 업을 찾아
가길 바란다. 우선 다양한 경험을 접하면서 끈기 있게 너의
호기심을 무한대로 키워보렴. 여기서 아빠가 말하는 호기심
이란 네 가능성에 대해 너무 빨리 판단하고 지레 포기하지 않
는 집요한 태도를 말하는 거야.

실패에 대한 두려움이 클수록 판단과 포기가 빨라지고, 그럴
수록 호기심의 강도는 시들해지기 마련이지. 하지만 지치지
않는 호기심은 자신이 좋아하는 업을 찾을 때 아주 필수적인
열쇠인 것 같아.

아빠는 이런 호기심을 유지하려면 '한 번 실패하면 끝!'이란
생각부터 내려놓을 수 있어야 한다고 생각해. 아빠가 묘안을
알려줄게.

청년 창업을 지원하는 유니콘 기업 창업자를 만난 적이 있어.
그에게 대박 성공의 비결을 물었는데, 어차피 일곱 번을 망해
야 성공한다고 생각하니 여유 있는 마음으로 반복되는 실패
에도 흔들리지 않고 다음 실패를 향해 담담하게 도전을 할 수
있었던 것이 성공의 비결이라고 하더구나. 정말 청년들에게
필요한 유연한 마음가짐이란 생각을 했어.

너도 실패를 두려워 말고, 럭키 세븐, 일곱 번 실패할 때까지 언제든 다음 실패를 향해 재도전할 수 있다는 여유를 가지렴. 실패할 때마다 너는 돌아올 집이 있잖니? 아들바라기 엄마는 언제나 따뜻한 집밥을 준비하고 기다릴 테니 도전을 멈추지 말기를.

정말 네가 찾을 업이 기대가 된다. 또 편지하자.

2024년 9월 20일
너의 도전을 응원하는 아빠가

여섯 번째 편지

"
나잇값 하는 완벽한 어른이 되는 게
왠지 무섭고 두려워요!
"

아들

아빠, '피터팬 증후군'이라고 아시죠?

제가 항상 입버릇처럼 하는 말이거든요. 나는 피터팬 증후군
이 있다고요. 피터팬 증후군은 동화 속의 피터팬마냥 어른이
되기 싫어 나이가 들어도 영원히 소년이라고 믿는 심리 또는
그렇게 행동하는 것을 뜻하죠. 장난 반 진심 반으로 하는 말
이지만 제 생각들을 너무 잘 표현한 신드롬인 것 같아 자주
말하는 것 같아요.

저는 저의 젊음이란 건 최고의 무기라고 생각해요. 한 살이라도 젊다는 것이 다행이라고. 너무 젊음을 추앙하는 것 같아 보여도 이게 제가 어렸을 때부터 했던 생각들이 모여서 내려진 결론이에요. 저는 유난히 어렸을 때부터 좀 나이에 대한 이상한 생각들을 갖고 있었던 것 같아요.

초등학교 때부터 친구들이 빨리 어른이 되고 싶다고 말할 때 저는 정말 나이가 드는 게 싫었어요. 한 살 한 살 나이를 먹어가면서 점점 어른의 나이에 가까워지는 게 너무 싫은 거 있죠? 엄마 아빠 품 안에 있는 게 너무 편해서 그랬던 걸까, 어린 나이라는 보호막 안에서 절대 벗어나고 싶지 않았어요.

어릴 때부터 유난히 독립과 책임에 대한 막연한 두려움이 너무 컸어요. 사실 왜인지는 모르겠지만 제가 어른이 되고 나이가 들면 그 나이에 맞게 행동해야 한다는 강박이 어렸을 때부터 강하게 박혀 있었기 때문에 더 두려움이 있었던 듯해요.

저는 정말 싹수가 남다른 꼰대지요? 무슨 말이냐고요? 법적으로 어른의 나이를 지나 입대를 하고 군 생활을 하면서 비슷하면서도 다양한 나이대의 장병들을 만났고, 그러면서 제 자신에 대해 다시금 확신한 것이 있어요. 난 정말 엄청난 꼰대라고요.

왜냐고요? 전 예전부터 항상 머릿속 깊숙이 이런 인식이 박혀져 있었던 것 같아요. 나보다 한 살이라도 많으면 나잇값을 해야 하고 나보다 한 살이라도 어리면 어리광을 더 부려도 된다고요.

어떻게 보면 저에게 사람을 보는 기준이 저보다 나이가 한 살이라도 많으면 더 엄격해지고 한 살이라도 어리면 더 관대해지는 듯해요. 조금 이상하죠?

예를 들어 저보다 나이가 어린 사람이 조금이라도 성숙한 모습을 보일 때면 너무 멋있고 대견하다며 과대평가하는 반면, 저보다 나이가 많은 사람이 어른스럽지 못한 모습을 보였을 때는 은근히 혐오하죠.

반대로 연소자가 잘못을 했을 때나 미성숙한 모습을 보일 때면 어리다는 이유 하나로 이해해주려 하는 편이고, 연장자가 어른스러운 모습을 보였을 땐 저렇게 되고 싶다는 생각이 많이 드는 편인 것 같아요.

다소 기준이 극단적이고 과격해 보일 수 있어도 제 내면 깊이
자리 잡고 있는 사상에서 우러나오는 진심이어서 제가 그렇
게 느끼는 건 어쩔 수 없는 것 같더라고요.

전 그래서 연인이든 친구든 동갑을 제일 선호하는 편인 것 같
아요. 동방예의지국의 한국인들 중에는 나이 차이가 한 살이
라도 나는 상대와는 같은 눈높이와 위치에서 대화할 줄 아는
사람이 많이 없다고 생각하거든요. 무의식적으로도 나이 차
이를 아는 순간, 본인도 모르게 같은 입장에서 보지 않게 되
는 사람들도 제법 많다는 거지요. 이처럼 한국인이라면 어쩔
수 없이 위아래를 중요시 여기는 유교사상이 내면 깊이 유전
자처럼 박혀 있다고 생각해요.

비록 제가 20대 초반의 아직 어린 나이여서 한두 살 차이를
가지고 너무 극단적으로 예시를 들긴 했지만 전 이런 유교사
상은 어느 정도는 필요하다고 생각하기도 해요. 우리나라가
갖고 있는 어떤 문화적 희소성으로서 우리나라를 더 돋보이
게 한다고 생각하거든요.

이런 생각이 지속되면 아빠(연장자)가 저(연소자)에게 보여주

셨듯이 저도 다음 세대에게 좋은 선례를 보여주기 위해서라도, 후대에게 좋은 발판을 제대로 세워주기 위해서라도 제 자신을 채찍질하게 되는 힘이 되지 않을까 싶어요. 이렇듯 연장자가 연소자에게 좋은 본보기가 되어야겠다는 생각이 결국엔 사회를 발전시키고 굴러가게 도와주는 것 아닐까요?

결국엔 제가 나이 들기를 두려워하고 연소자에겐 기준이 관대하면서 연장자에겐 박한 이유는 '어른이란 매우 완벽한 존재이고 완벽한 존재여야 한다'고 믿기 때문인 것 같아요. 저에게 완벽은 터무니없이 먼 존재라고 느껴서 피터팬처럼 어린 소년에 머물러 있으려 하고, 나아가지도 못하는 거고요.
사실 언제까지나 나이 먹는 것을 부정하며 살 수도 없고, 언젠간 결핍된 상태로라도 어른이라는 의자에 앉아 완벽이라는 책임을 부여받으며 완벽에 가까워지려는 노력이라도 해야 할 텐데 말이죠.
현재의 전 그저 그런 과정 자체를 부정하며 편한 어린 아이로 머무르고 싶어 하는 것 같아요. 하지만 이제는 점점 이런 과정을 받아들여야 함을 느끼고 있는 요즘이에요.

"나잇값 하는 완벽한 어른이 되는 게
왠지 무섭고 두려워요!"

제가 30대가 되어도, 중년이 되어도, 계속 완벽한 어른이라는
기준은 점점 더 높아지겠지만 그 기준에 점점 가까워지려는
노력을 시작하는 것이 날 발전하게 만드는 힘이라 생각하고
받아들이려 하고 있어요.
아빠는 아직 본인만의 완벽한 어른이라는 기준에 스스로 만
족하시는지, 아직 더 나아가고 싶으신지도 궁금하네요.

2024년 10월 17일
아들 다함 드림

자칭 '젊꼰' 아들에게,

솔직담백한 네 글 잘 읽었어. 특히 네 편지를 읽으면서 네가 너 스스로를 '꼰대'라고 여기는 이유가 참 흥미로웠지. 그 이유는 아마도 네가 사람을 대할 때 지나치게 나이에 대한 민감성을 가지고 대하기 때문이라고 생각하는 것 같더구나.

그런데 넌 너보다 한 살이라도 나이가 어리면 관대해진다고

했지? 그럼 흔히 우리가 '꼰대'라고 여기는 사람들과는 약간
다른 태도를 지닌 게 아닐까? 진짜 꼰대는 한 살이라도 어리
면 낮추어 보면서 한 수 가르치려고 들 테니까 말이야.

그 대신 너는 너보다 한 살이라도 많은 사람들에게는 엄격한
잣대를 사용한다는 걸 보면, 어쩌면 너는 나잇값 못하는 꼰대
에 대한 기피증을 가지고 있는지도 모르겠다.

아빠 세대는 학창 시절 학교 선생님들을 '꼰대'라고 부르면서
살았거든. 그런데 요즘엔 이 꼰대라는 말이 여러 세대에 두루
사용되는 것 같더구나. 그러니까 너처럼 '젊꼰(젊은 꼰대)' 혹
은 '낀대(7090 사이에 낀 80년대생들)' 같은 말도 나도는 거지.

사실 너희 세대는 이 '꼰대'라는 단어를 잘 모르고 살았을 텐
데, 2019년 어느 날 이 단어가 우리나라에 역수입된 것 기억
나니? 영국의 BBC Two 채널에서 페이스북에 올리는 〈오늘
의 단어〉에 'KKONDAE'가 소개되면서 갑자기 전 세계적으
로 유명세를 탔거든.

이 단어를 BBC 방송은 이렇게 설명했단다. "An older
person who believes they are always right (and you are

always wrong)." '자신들이 항상 옳고, (상대는 항상 틀리다고) 믿는 연장자'를 뜻한다는 거지.

왜 이 단어가 다른 나라 사람들에게도 많은 관심과 호응을 불러일으킨 걸까? 아마도 이 단어를 접한 사람들이 다른 나라의 단어라는 이질감보다는 자신의 주위에서도 자주 있는 현상이라 친숙함을 더 많이 느낀 단어이기 때문이 아닐까? 우리나라뿐 아니라 어느 나라에 가도 이런 어른들이 꼭 있으니 말이야.

진짜 꼰대의 조건 _____

사실 무조건 나이 든다고 다 꼰대가 되는 건 아닌 것 같아. 그리고 보통 우린 '꼰대' 하면 아저씨나 할아버지가 먼저 떠오르잖니? 진짜 꼰대가 나이 혹은 성별과 연관성이 있는 걸까? 실은 아빠도 그게 참 궁금했거든.

'꼰대'라는 단어가 영국에서 소개되었던 그해, 2019년에 마침 아빠가 자문하면서 출연하게 되었던 한 방송 다큐멘터리 프로그램에서 남녀 20대와 30대 직장인 5명과 40대 남성 한

명을 상대로 소위 '꼰대 실험'을 한 적이 있단다.

실험 방법은 간단해. 6명에게 안대를 씌워 눈을 가리고 일렬로 세웠어. 그리고 시중에 나도는 꼰대 검사 문항들을 하나씩 이야기하면 자신이 해당된다고 여길 때 한 걸음씩 앞으로 나오는 거지. 20개 정도의 문항을 다 듣고 안대를 벗었을 때 가장 앞으로 나와 있는 사람이 바로 '왕꼰대'가 되는 실험이었어.

제작진은 40대 남성이 최강 꼰대로 등극할 거라는 예상을 했겠지. 그런데 결과는 예상과 전혀 달랐단다. 놀랍게도 가장 앞까지 나온 1등은 30대 여성 직장인이었지.

이 실험에서도 증명되었다시피, 그리고 네 말처럼 네 또래 20대도 충분히 꼰대가 될 수 있고, 남성 아닌 여성이라도 다른 사람들에게 꼰대처럼 여겨지는 일은 다반사라고 생각해. 왜냐하면 우리는 상대편이 나이나 성별과 상관없이 자기주장만 강하게 하고 남의 의견은 경시하면서 전혀 경청하려 들지 않는다면 그 사람을 바로 '꼰대' 취급하게 될 테니까 말이야.

아까 말한 방송 꼰대 실험에서 20대나 30대 실험참여자도 수

긍한 문항 중에 이런 게 있더구나. "사생활의 영역도 인생 선배로서 답을 제시할 수 있다."

그렇게 따지면, 일반적으로 꼰대란 자신이 가지고 있는 답을 보편적이라고 확신하고 이를 타인에게도 제시하려는 성향을 가진 사람인 것 같다. 심한 경우에는 자신이 주장하는 해답만이 절대적이라고 믿게 되고 상대방의 의견이나 주장은 무시하는 경지에 이르게 되지.

너의 경우에도 네 나이보다 한 살이라도 많은 사람들이라면 모두 다 그 나이에 걸맞은 나잇값을 반드시 해야만 된다고 믿는 절대적인 기준이 있는 것 같다. 그래서 그 엄격한 기준으로 인해 너 역시 그런 나잇값을 하지 못할까 싶어 자연스럽게 나이 듦에 대한 두려움도 생기는 것 같고.

보편적으로 나잇값을 하는 어른들은 과연 어떤 사람들일까? 아빠도 잘 모르겠다만 적어도 너에게는 늘 합리적으로 생각하고 책임 있게 행동하는 성인(成人), 심지어 거의 완벽에 가까운 성인(聖人)이라 여기는 것 같다.

그렇지 않니? 그래서 너는 어른의 의자에 앉는 일이 '완벽이

라는 책임을 부여받으며 완벽에 가까워지려는 노력'을 경주
해야 하는 일이라고 여기는 거지. 너에게 어른은 작은 실수도
허용되지 않고 아랫세대에게 늘 존경의 대상이 되어야만 하
는, 그런 초인적인 모습이 아닐까?

그런 네 기준이 틀렸다는 건 아니지만, 네가 믿고 있는 나잇
값을 제대로 하는 어른의 조건을 한번 돌아보라고 권하고 싶
구나.

네가 믿는 그 조건이 너도 혹은 다른 사람도 혹시 실현 불가
능한 것은 아닐지도 한번 살펴보렴. 누구나 자격에 대한 엄격
한 기준을 가지고 있으면 항상 불안한 내면 상태를 유지할 수
밖에 없거든.

어쩌면 어른이 되는 자격에 대해 너는 남달리 아주 엄격한 기
준을 가지고 있는지도 모르겠다. 그 엄격한 기준이 네가 보기
에도 너를 왠지 스스로 '싹수가 남다른 꼰대' 같다고 느끼게
만들고 있는 건 아닐지도 한번 생각해보렴. 누구나 꼰대로 전
락할 수 있는 가장 확실한 조건은 융통성 없는 절대적인 기준
과 답을 철석같이 믿고 사는 사람이란 관점에서 말이야.

그러고 보니 정말 우리 아들이 스스로를 꼰대라고 평가하는
건 아주 정확한 판단인 듯싶다.

'완벽함'이란 기준과 '조금만 더 신드롬' _____

요즘 아빠는 현재 시중에서 사용하고 있는 챗GPT를 기반으
로 사람들의 마음과 감정을 더 잘 공감하고 위로하는 공감AI
를 연구하고 개발하는 일을 하고 있거든. 여러 IT 회사에서
출시한 대화형 인공지능의 특징은 해답을 순식간에 찾아 우
리에게 제공하는 신속성이라고 볼 수 있을 거야.
챗GPT는 우리가 몇 시간 동안 검색을 해야 찾을 수 있는 정
보도 단 몇 초 안에 답변을 해주지 않니? 정말 지극히 놀랍고
편리한 기능이라고 할 수 있을 거야. 이런 기능은 인간이 정
보를 취합해 해답을 찾아가는 분석형 좌뇌를 모방한 거라고
할 수 있어.

처음 아빠가 대화형 AI를 사용했을 때, 이런 질문을 한 적이
있지. "내 처지를 늘 비관하면서 쉬지 않고 주변 사람들과 비

교를 하는 바람에 자존감이 많이 떨어져 있어. 혹시 해줄 수
있는 말이 있을까?"

너도 대화형 AI가 2~3초 안에 제시할 답변을 한번 유추해봐.
챗GPT에 물었더니, 답변이 엄청난 분량으로 나오더라. "다른
사람들과 자신을 비교하는 건 자연스러운 일이지만, 사실 우
리는 모두 각자의 속도와 방식으로 삶을 살아가고 있어요. 당
신의 길은 당신만의 것이고, 그것이 당신을 특별하게 만들어
요. (중략) 비교는 끝이 없고, 결국 우리를 지치게 만들어요. 다
른 사람과 비교하기보다, 어제의 나와 오늘의 나를 비교해보
는 게 훨씬 더 의미 있고 성장에 도움이 될 거예요."

이런 답변을 듣는다면 과연 어떤 느낌이 들까? 다 맞는 이야
기인데 왠지 남의 이야기를 하는 것 같은 불편한 느낌이 들
것 같은데, 너는 어때? 이런 느낌이 드는 데는 다 이유가 있을
거야. 우리 모두 좌뇌와 우뇌를 동시에 사용하기 때문이지.
좌뇌로는 충분히 옳은 이야기처럼 들리지만, 우뇌로는 수용
이 좀처럼 어려운 내용이거든. 우리 인간은 정보를 축적하고
분석하는 좌뇌뿐 아니라 잘 알지 못하는 미지의 세계를 상상

하면서 그려보는 우뇌의 기능도 무척이나 중요하단다. 특히 아빠는 다른 사람의 마음을 헤아리고 이해하려는 일은 어쩌면 정보를 종합해 빠르게 정답을 찾고자 하는 좌뇌보다 상상하면서 탐색하는 우뇌의 기능이 훨씬 더 필요한 영역이라고 생각해.

그런 관점에서 네가 가지고 있는 어른의 기준을 찬찬히 돌아보렴. 어른이 된다는 건 누구에게나 완벽한 모습을 갖추는 일이라는 정답을 가지고 있지는 않은지 말이야.

돌이켜보면 아빠에게 상담을 받기 위해 찾아온 많은 내담자들 중 적지 않은 사람들이 완벽함을 삶의 정답으로 삼고 사는 이들이었던 것 같다. 그 완벽한 기준에 스스로 도달하지 못하면 자신을 끊임없이 채찍질하기도 하고, 남들이 인정하는 자리에 도달해도 만족감이 현저하게 떨어지는 경우도 많았지.

이런 사람들은 자꾸 혹독한 판단을 앞세워 지레 부정적인 결론을 내리고, 자신에게 펼쳐질 신비스러운 미래에 대한 상상력을 제대로 발휘하질 못한단다. 우뇌보다는 좌뇌를 과도하게 사용한다고나 할까?

더 심한 경우에는 완벽함을 요구하는 타인의 기준에 도달하기 위해 평생을 소비하는 사람들도 있어. 완벽함을 요구하는 타인이 부모나 배우자처럼 본인의 삶에 있어서 가장 중요한 대상이라면 그 요구조건에 부합하기 위해 결승점도 저 멀리 아득하고, 관중도 전혀 없는 외로운 장거리 경주를 끊임없이 하고 쉼 없이 달려야 하지 않겠니?

아주 어린 시절부터 이렇게 자타가 인정하는 완벽성이라는 기준에 자신을 맞추어 살다 보면, 자칫 꾸물거리는 인생을 살게 되기도 한단다. 그러다가 완벽하게 기준을 맞춰내지 못할 것 같으면 아예 포기하는 일들이 늘어나는 거지.

부모가 원하는 성적의 기준이 턱없이 높을 경우, 아이들이 겪을 마음의 부담을 상상해보렴. 예를 들어 중간고사 60점을 얻은 아이를 그의 부모가 기말에는 무조건 반드시 95점 이상 받으라고 무섭게 몰아붙인다면 어떤 결과가 나타날까?

부모가 원하는 바를 염두에 두고 공부에 집중해야 한다면 내내 꾸물거리고 자꾸 미루며 나태한 모습을 보이다가 결국 중간에 손을 놓고 포기하는 경우가 많단다. 이런 자포자기 현상은 부모가 원하는 강압적이고 도달하기 힘든 기준을 맞추지 못해 결국 부모에게 비참하게 버려지는 일이 두려워 스스로를 지키려는 하나의 방어기제라고도 볼 수 있을 거야. 차라리 게으르다고 혼나는 것이 최선을 다했는데도 결국 실패해서 부모를 한없이 실망시키는 일보다는 훨씬 더 안전하다고 느끼는 거지.

아빠가 보기엔 우리는 누구에게나 인정받는 완벽한 존재가 될 수는 없단다. 특히 부모에게 완벽하게 인정받는 일이 자신을 지켜낼 수 있는 유일한 길이라고 믿으면, 그 후에도 지속적으로 완벽성을 추구하는 왜곡된 태도를 평생 견지하게 되는 경우가 다반사인 것 같더구나.

그러면 네가 이렇게 물을 수 있을 것 같다. 그래도 '완벽을 추구하는 자세'는 인생을 성공적으로 살기 위해서는 필요불가결한 태도라고 볼 수 있지 않느냐고.

그럴 수도 있겠지. 완벽을 목표로 삼는 일 자체가 잘못된 일은 아닐 거야. 그런데 아빠가 그간 상담을 통해 접한 경험에 의해 판단해보면, 완벽이라는 잣대는 누구에게나 만성불안을 가져오는 것 같더구나. 아빠는 그 불안증의 이름을 '조금만 더 신드롬(more syndrome)'이라고 부르곤 하지.

아빠에게 '조금만 더 신드롬'은 누구나 완벽을 삶의 기준으로 삼으면 내면으로는 그 완성을 결코 경험하지 못하는 현상을 말하는 거야. 완벽이라는 기준이 원래 매우 모호하고 환상적이거든.

여기서 아빠가 '환상적'이라고 부르는 것은 보기에 멋지거나 신비스럽다는 의미가 아니란다. 심리학적으로 환상(fantasy)이란 도저히 이룰 수 없는 것을 너무도 간절하게 원하고 있다는 의미야.

완벽성을 믿고 목표로 삼는 사람은 완벽성이 절대로 이루어질 수 없다는 환상이란 점을 좀처럼 받아들이기가 힘든 것 같더구나. 아빠가 상담실에서 만났던 성형중독에 빠진 여성 또한 완벽한 미모의 기준을 환상으로 가지고 사는 사람이었어. 네다섯 번의 성형수술로 연예인 못지않은 미모를 가지게 되었지만 불안은 그치지 않았어.

완벽에는 종착역이 없지. 여기엔 누구도 예외가 될 수 없을 것 같아. 누구나 완벽성을 삶의 기준으로 삼으면 평생 '조금만 더' 그리고 또 '조금만 더'를 지속적으로 외치면서 만성불안과 불만족감에서 헤어 나오지 못하게 만드는 '조금만 더 증후군'의 노예가 될 수밖에 없단다.

네가 '어른 = 나잇값 하는 완벽한 사람'이라는 기준을 고수한다면, '조금만 더' 아이의 시간에 머무르고 싶은 마음에서 벗어나기 힘들지도 모르겠다. 완벽한 어른이 되기 위해서는 여전히 '조금만 더' 준비의 시간이 필요하다고 믿을 수도 있고, '조금만 더' 자격증이나 직업적인 전문성이 필요하다고 믿을 수도 있겠지.

그렇다면 이 끝도 없는 '조금만 더 증후군'에서 벗어날 방법은 없을까?

우리 자신이 세운 완벽이라는 기준이 결국 온전하게 이루어질 수 없는 환상(fantasy)이란 점을 받아들이는 순간이 온다면 누구나 서서히 치유가 시작된단다. 완벽함을 이루지 못하는 자신을 이제는 그만 몰아붙일 수 있게 되는 거지.

어른이 되는 길이 꼭 완벽한 모습의 어른이어야 한다는 네 기준도 결코 이루어질 수 없는 환상인 거야. 완벽하진 않더라도 충분히 괜찮은 자신의 있는 모습 그대로를 수용하는 일이 우

리에게 만족감 없이 불안만 증폭시키는 '조금만 더 증후군'을
치유하는 데 정말 중요하단다.

불확실성을 수용하는 어른 _____

아빠는 '완벽한 어른'이라는 표현보다는 가장 이상적으로 보
이는 어른, 즉 내가 꼭 되고 싶은 어른이라는 표현이 좋을 것
같구나. 개인적으로 아빠에게 가장 이상적인 어른의 모습이
란 '누구에게나 억지로 자신의 정답을 주장하지 않는 사람'이
라고 정의하고 싶다.
아빠가 되고 싶은 어른상은 '정답을 주려들기보다 오히려 질
문을 하고 타인의 의견을 경청하는 사람'이란다. 물론 그러기
가 너무 어려워서 힘들지만 말이야.

아빠도 이런 어른상을 가지는 데 꽤 오랜 시간이 걸렸던 것
같다. 교수 사회에서 주로 하는 농담이 있단다. 대학교수로
막 임용된 조교수들은 자기가 잘 모르는 것을 가르치려고 하
고, 어느 정도 시간이 지나서 부교수가 되면 드디어 자기가

아는 것만 가르친다고 해. 그리고 10년이 훌쩍 지나서 비로소 정교수가 되면 어떻게 될까? 자신이 그때까지 기억하고 있는 것만 가르친다고 하지. 물론 농담처럼 만들어낸 말이었겠지만, 아빠는 이 이야기가 참 의미 있게 해석되었단다.

지금 아빠의 조교수 시절을 생각해보면, 정말 방대한 학문 세계에 대한 물음표보다는 나 나름대로의 느낌표로 가득한 강의를 일삼았던 것 같다. 학생들 입장에서는 교수도 실은 잘 모르는 내용을 마치 정답처럼 이야기한다면 얼마나 혼란스러울까? 가끔 예전 제자들에게 미안해진다.

아빠가 스스로 교수 생활을 돌이켜봐도 세월이 많이 지나는 동안 학문성과 겸허함을 쌓아 자신이 모르는 내용도 있는 그대로 받아들이고 솔직하게 가르치는 교수야말로 이상적인 어른의 모습이 아닐까 싶다. 그리고 때로는 청출어람하는 제자들을 만나 이야기하다 보면 아빠가 오랫동안 스스로 해결하지 못한 질문의 해답을 창의적으로 발견하게 되는 경우도 생긴단다.

그런 의미에서 진정한 어른이란 불확실성을 수용하고 포용하면서 미래에 대한 질문을 가지고 뚜벅뚜벅 걸어가는 사람이 아닐까?

네가 말한 어른은 "후대에게 좋은 발판을 제대로 세워주기 위해서라도 자신을 채찍질하게 되는 힘"을 가진 사람들이라고 했지?

맞아. 그런 사명감을 가지고 사는 것은 미래를 살아가는 추동력을 제공할 수 있을 것 같아. 하지만 자신의 잣대로 후대 세대에게 정답을 제시해야만 한다는 강박을 벗어날 수 있어야만 할 것 같아. 네 말처럼 "연장자가 연소자에게 좋은 본보기가 되어야겠다는 생각이 결국엔 사회를 발전시키고 굴러가게" 하겠지만, 정답을 말하기보다는 질문을 하면서 함께 해답을 찾아가고자 하는 어른이 정말 이 시대에 필요한 진정한 어른이지 않을까?

아빠도 정말 그런 어른이 되고 싶다. 하지만 지난 세월 동안 너에게도 아빠 자신의 기준을 지나치게 많이 제시하고 강조하면서, 때로는 네게 강요한 적도 분명 있을 거야. 아마도 네가 아주 어린 시절에는 아빠가 보호자의 입장에서 다소 엄격한 기준과 원칙을 세워 너를 힘들게 한 적도 있을 거야.

하지만 이제 다함이도 법적으로 엄연한 성인의 나이가 되었으니 아빠와 함께 질문을 던지면서 미래로 당당하게 걸어가야 할 때라고 생각해. 아빠의 생각이나 기준을 궁금해할 수 있겠지만, 절대로 정답으로 여기지는 말기를 바란다.

다함이가 궁금해했지? 아빠는 '완벽한 어른이란 기준'을 얼마나 채우고 있냐고? 반복해서 강조하지만, 아빠는 완벽함에 대한 환상에 지나치게 빠지지 않으려고 노력해. 만약 '완벽한 어른'이 모든 문제에 정답을 가지고 있는 사람이라면 더더욱 아빠는 그런 완벽한 어른은 되고 싶지 않아.

자신에게 그리고 타인에게도 꼭 필요한 질문을 던지면서 사는 삶은 어쩌면 구도자의 삶 같을지도 모르겠다. 평생 구도자의 삶을 사는 수도사들은 답을 구하기 위해 수도생활을 시작하지만, 답을 찾기 위해 질문하고 사색하는 과정 자체를 귀하게 여기는 사람들이라고 아빠는 생각하거든.

어른이라도 결코 완벽하지 않아도 괜찮다. 이전 편지에서도
비슷한 이야기를 했었는데 다시 한번 강조하고 싶구나. 벤처
기업 창업의 성지로 알려져 있는 미국 캘리포니아 실리콘 밸
리의 오랜 모토가 뭔지 아니? "빨리 실패하라(Fail fast)!"
아빠도 처음에는 이 모토가 잘 이해가 안 되었던 것 같아. 하
지만 세상에 없는 혁신적인 제품은 미완성의 베타 버전을 시
장에 빨리 출시해보고, 속히 고객들의 피드백을 받아 때로는
바로 폐기하기도 하고 개선해서 다음 버전을 출시하고, 또다
시 실패를 두려워 않고 시장에 출시해 피드백을 받아 다음 단
계로 발전시켜 나가는 실험정신으로 지금의 실리콘 밸리의
명성이 쌓인 거란다.

처음부터 실패를 목적으로 모험을 한다는 것은 처음에는 난
센스처럼 보이지만, 실은 실패를 피하기 위해 도전하지 않는
벤처기업이 오히려 더 큰 난센스인 거지. 그런데 완벽함의 환
상을 붙들고 살다 보면 작은 실패가 두려워 꾸물거리다가 아
무것도 하지 않든지, 아니면 한 번의 실패로 지속적인 도전을
포기하는 삶을 살 수밖에 없을 거야.

네 젊음이 최고의 무기라고 했지? 그래, 무엇보다 '빨리 실패하라'는 실리콘 밸리의 실험 정신을 네 젊음의 무기로 삼길 바란다!

자꾸만 너를 붙잡는 피터팬 신드롬을 뒤로 하고, 이제 어른의 길로 나서는 너에게 아빠도 꼭 당부하고 싶은 권고이다. 빨리 실패하거라! 그리고 그 실패는 장차 네가 찾아가기 원하는 그 해답에 조금씩 나아가게 도와줄 모판이란 점을 반드시 기억하길!

2024년 10월 31일
함께 어른의 길로 걷기 원하는 아빠가

일곱 번째 편지

"

많은 것을 포기하는 인생은
정말 불안하고 위험할까요?

"

아들

아빠,

갑자기 아빠에게 묻고 싶어졌어요. 가끔 어른들이 젊은 세대
에게 건네는 '요즘 애들 같지 않다'는 말은 어떤 의미일까요?
실은 제가 사회생활을 하다 보면 간혹 윗사람한테서 듣는 말
이거든요. 오늘도 당직 근무를 서다가 밤새 간부님 수발을 들
며 지속적인 지시에 응대하면서 들은 말이기도 해요. 요즘 애
들 같지 않으면 좋은 건가요?

보통의 경우에는 대체적으로 어른들이 젊은 세대를 향해 칭찬의 의도로 말씀들을 하신다는 걸 저도 알아요. 그런데 왜, 언제부터 요즘 애들 같지 않다는 말이 칭찬으로 쓰이는 걸까 궁금해졌어요. 요즘 애들이 뭐 어떻게 하길래 그런 칭찬을 하시는 건지, 어떻다고 보길래 그러시는 건지.

물론 이해가 전혀 가지 않는 건 아니에요. 아빠도 청년 시기에 '요즘 애들'이라고 특정하면서 또래들과 다르다는 칭찬을 받아보신 적 있으세요? 아마도 없으실 것 같기도 해요. 아빠 세대에선 이런 말들이 칭찬으로 쓰이는 일이 자주 없었다면 그저 연배의 차이로 인한 못마땅함에서 나온 말이라기보단 저희 젊은 세대의 특성에 맞춰진 어법인 것 같아요.

'요즘 애들'은 간혹 솔직함과 예의 없음을 구분하지 못해 말하고 싶은 대로 표현하는 경우가 많아요. 그래서 열악한 환경에서도 보금자리를 마련하고 삶을 개척해온 어른들이 보기엔 이런 행동이 어리광을 피우는 것으로 보일 수도 있을 것 같아요. 그렇다면 '요즘 애들 같지 않다는 것'은 어떤 의미일까 좀 더 깊이 생각해봤어요. 핵심은 '포기'에 있는 건 아닐까요?

현 세대가 '포기를 많이 하는' 세대라고들 이야기하잖아요. 그러니까 '요즘 애들 같지 않음'은 미래에 대한 도전에 싫증을 느끼지 않고 즐기며 끈기 있게, 쉽게 포기하지 않는 삶의 자세를 의미하는 것 아닐까요? 그런데 과연 '요즘 애들 같지 않은 것'이 정답인 걸까요?

아빠도 잘 아시다시피 언제부턴가 '포기'는 저희 세대를 규정하는 말이 되었지요. 미디어는 저희 세대를 처음에는 연애와 결혼 그리고 출산을 포기하는 3포 세대라고 하다가 취업, 내 집 마련, 인간관계 등등 하나씩 하나씩 포기할 것이 점점 더 많아진 세대라고 단정적으로 말했죠.

암묵적으로 시대와 국가의 번영에 막중한 책임을 갖고 동 세대가 함께 버티며 민주주의 시스템을 세워 나가는 것에 전념을 다한, 그래서 보다 이타적이었던 기성세대와 비교했을 때 현 세대는 국가 발전과 번영에 큰 관심이 없어 보이는 것 같기도 해요. 기성세대의 관점에서는 책임감이 없어 보일 수도 있겠고요. 그런데 이는 개인주의적 성향이 강한 청년들이 본인들의 삶을 연명하기에 급급하기 때문인 것 같기도 해요.

기성세대는 현 세대가 당연한 것들을 하나씩 포기하는 특성
을 불안하고 위험한 심리의 일종으로 볼 수도 있겠지만, 저는
개인적으로 이런 시각은 현 세대가 가진 다양한 특성 중 극히
일부만 보고 판단하는 것이라고 생각해요. 저는 현 세대가 자
신의 삶을 나름대로 꾸려가려는 열정은 그 어느 세대보다도
뛰어나다고 느끼거든요.

현 세대는 전 세대에 비해 기회가 훨씬 더 무궁무진해진 사회
의 일원이 되면서 개개인이 가진 제한과 한계가 점점 없어졌
고, 매 순간 발전하고 진화하는 세상에 대한 월등한 적응력을
가지고 있죠. 정보의 양이 방대한 정보화 시대의 강점을 잘
응용할 줄 아는 현 세대는 폭주기관차처럼 무한한 가능성을
향해 가지각색으로 뻗어 나갈 수 있다는 거죠.

다만 현 세대는 각자 나름의 방식으로 인생의 선로를 만들어
갈 때 때때로 다른 사람들이 비집고 들어올 여유가 없는 그런
세대라고 생각해요. 선택의 폭이 넓어짐에 따라 어쩔 수 없이
선택받지 못한 선택지들도 늘어나는 거니까요.

저희 세대는 본인들의 신념과 목표를 자신만의 방식으로 이

루려 하다 보니 타인의 시각이나 인간관계는 우선순위에서 밀려날 수도 있어요. 이런 특성은 삶의 연륜이 쌓이고 경험을 거듭해가면서 그 유형이 나뉠 수도 있다고 저는 생각해요. 누구는 나이가 들면서 전 세대와 같은 생각으로 타인과 유대 관계를 맺고 결혼해 가정을 꾸리는 것과 같이 안정성을 택하며 새로운 인생의 전환점을 찾을 수도 있겠지요. 하지만 누구는 나이가 들면서 본인이 갖고 있던 고유한 신념을 유지한 채 목표만을 위해 쉬지 않고 나아갈 수도 있는 거죠. 꼭 결혼이나 출산이 수많은 삶의 옵션 중 유일한 선택이 아닐 수 있는 것 아닐까요?

사실 정답은 없다고 생각해요. 남들은 당연히 해야 할 선택이라고 보지만, 본인은 삶의 진로에 방지턱이 될 만한 것들을 '포기'하는 후자의 경우가 현 세대에서 다소 늘었을 뿐이죠. 어떤 삶의 모습이 맞고 틀리다는 잣대를 들이미는 것은 너무 구시대적인 발상이 아닐까요? 남들에게는 너무도 당연한 것처럼 보이지만, 그 당연한 옵션을 포기하는 것이 오히려 행복일 수도 있다는 말이에요. 아빠 세대는 우리 젊은 세대와 가치관 자체가 다르다고 여기시겠지만, 무한한 가능성의 시대에 유일한 기준이란 건 유연해지거나 없어질 때가 온 것이죠. 어떻게 보면 '포기'하는 현 세대에서 낭만은 전 세대에 비해 참 많이 없어졌다고 생각해요. 앞으로 가는 길에 주위도 둘러보고 조금 돌아가도 괜찮지만, 저희 세대는 오직 직진만을 원하는 것 같아요.

아빠도 이전 편지에서 40대 초반에 조기은퇴하길 원하는 '파이어(FIRE)족'에 대한 언급을 하셨지요? 저도 그런 조급증이 있는 건 사실이에요. 조금이라도 돌아서 우회하면 조급해지고 쉽게 낙담하곤 하지요.

하지만 저는 현 세대가 미래를 향해 자신만의 방식으로 돌진하려는 이런 특성조차 멋있다고 생각해요. 대신 아빠가 앞선 편지에서 제안한 것처럼 실패를 성공 자원으로 삼는 마음의 여유는 반드시 필요할 것 같아요.

사실 저는 아직 제가 선택한 진로를 향한 폭풍 같은 열정을 찾지 못한 것 같긴 하거든요. 그리고 전 무엇인가를 '포기'하며 돌진하는, 개인주의적인 삶의 태도는 왠지 외로울 것 같고

168
169

무서웠던 게 사실이에요. 하지만 이것 또한 그저 제가 아직 아빠나 기성세대의 영향권 아래 있었기 때문일 수도 있다는 생각이 들었어요.

이제는 조금은 기대가 됩니다. 제가 언젠간 저만의 방식으로 직진하고픈 열정을 찾고 앞만 보고 나아가며 뭔가를 '포기'하는 삶을 선택할지, 아니면 결국 이전 세대와 같은 보편적인 선택을 할지.

아빠는 이런 현 세대와 기성세대의 차이에 대해 어떻게 생각하시는지 궁금하네요. 제게는 어떤 선택을 추천하시는지도 궁금하고요.

답신 기다릴게요.

2024년 11월 7일
아들 다함 올림

아
빠

다함아,

네 편지를 정말 진지하게 읽어보았다. 그리고 아빠가 약 30년
전에 문화적 충격을 받았던 일이 생각났어.

1990년대 초, 막 미국 유학을 시작했을 즈음에 아빠는 영어
실력을 늘리겠다는 포부를 가지고 TV를 열심히 보았지. 뉴
스를 많이 보면 영어 리스닝 실력이 늘어난다고 하던데, 그게

말처럼 쉽지 않더구나. 오히려 매일 방영되던 하루에 단편으로 끝나는 시트콤 드라마를 열심히 보면서 배우들의 대사를 알아들어보려고 애썼던 것 같다.

그 시절 정말 재미있게 보았던 드라마가 있었어. 〈풀 하우스(Full House)〉라는 드라마였는데, 배역 설정이 재미있었어. 아내와 사별한 아버지가 어린 딸 3명을 키우는 이야기인데, 이 집에는 아버지의 처남(그러니까 죽은 아내의 남동생)과 그의 남자친구가 같이 살면서 같이 양육에 참여하는 설정이었어. 남자 3명이 어린 여자 아이 3명을 키우는 이야기니까 정말 좌충우돌하는 흥미로운 소재가 주를 이뤘지.

아빠가 나중에 가족관계학과 가족치료를 집중적으로 공부하면서 그 즈음에 미국 가족학 분야에서 큰 논쟁이 생겼던 것을 알게 되었어. 소위 '가족 대(對) 가족들(family vs. families)' 논쟁이었지. 미국 사회에서 너무도 당연하게 여겼던 부모와 자녀들이 함께 사는 전통적인 가족 형태가 이제 더 이상 유일한 가족 유형이 아니라는 거야.

1990년대 초, 이미 미국에서는 다양한 가족의 유형이 등장하고 있었지만, 동시에 이들에 대한 사회적 편견이 존재했기 때문에 혜택이나 권리 보장에 변화를 가져와야 한다는 것이 가족학자들의 주장이었지. 아빠가 재미있게 시청했던 〈풀 하우스〉 드라마도 그런 맥락에서 아주 특이해 보이는 가족 구성원들을 보여주면서 사회적 인식의 변화를 꾀했던 것임을 나중에 알게 되었던 거야.

다양한 가족 형태가 필요한 이유_____

아빠는 약 6년 전에 한국 부부·가족상담학회 학회장을 맡아서 학회 임원 교수들과 『한국가족을 중심으로 한 부부·가족 상담 핸드북』을 함께 집필한 적이 있어. 한국 사회의 독특한 가족의 형태를 소개하면서, 그들을 이해하고 효과적으로 돕는 상담기법들을 담으려고 노력했지. 가족의 형태에는 예컨대 한부모 가족, 재혼가족, 탈북민 가족, 다문화 이주배경을 가진 가족 등이 있었어. 몇 해 동안의 집필 기간을 거쳐 2020년에 출간하게 되었어.

그런데 올해 아빠는 이 핸드북 개정판을 급하게 추진하게 되었지. 그 이유는 간단해. 시간이 불과 4년 정도 지났을 뿐인데 세상은 어찌나 급하게 변했던지, 핸드북에서 우리가 소개한 한국 사회의 다양한 가족 유형을 살펴보니 정작 중요한 가족들의 형태를 놓쳤던 것이 발견되었던 거야.

당시 집필진은 한국 사회의 다양한 가족 형태를 전부 소개했다고 자부했지만, 정작 빠지고 말았던 중요한 가족의 유형이 무언지 아니? 그건 바로 1인 가족과 반려동물과 함께 사는 가족이었어.

불과 몇 년 전까지만 해도, 일반인들뿐 아니라 가족학 전문가들도 '1인 가족이 어떻게 가족이 될 수가 있어?'라고 생각했을지 모르겠다. 하지만 요즘에는 이런 가족의 유형을 이상하다고 여기거나 가족의 형태가 아니라고 주장하기가 참 어려운 시대가 된 것 같다. 네 말처럼 많은 젊은 세대가 더 이상 결혼과 자녀 출산이 필수적이거나 국가적인 의무라고 생각하지 않으니까 말이야.

아빠 세대에는 국가가 자녀를 2명만 낳자고 하든지, 아니면 요즘처럼 최대한 많이 낳자고 장려 정책이나 캠페인을 벌여도 이상하지 않았어. 하지만 요즘 같이 개인의 인권이 중요한 시대에는 이러한 요구가 네 의견처럼 개인의 다양한 기회 선택의 권리를 침해하는 일처럼 여겨져 어색하게 들리는 게 사실이다.

반려동물과 함께 사는 가족도 마찬가지 아닐까? 예전에는 동물이 어떻게 가족의 일원이 될 수 있냐고 하는 이들이 많았겠지. 하지만 지금은 어떤 인간 가족 구성원보다도 애틋하게 여기고 아끼며 사랑하는 대상이 바로 반려견과 반려묘가 되었잖니? 아빠 주위에도 반려동물을 "우리 아들, 우리 딸"이라고 부르는 이들이 부지기수로 늘어났다.

아빠는 미국 유학 시절 내내 유난히 가정폭력이나 어린 시절 학대로 인한 트라우마를 가진 이들을 연구하고 상담하는 일을 많이 하게 되었단다. 그 덕분에 겉보기엔 이상해 보여도 치유와 회복을 더 깊이 경험하는 다양한 가족의 형태를 많이 접하게 되었단다. 그중 하나가 트라우마 피해자들이 함께 살면서 서로 위로하고 성장해가는 가족의 유형이었지.

예를 들어 아빠는 미국에서 레즈비언 부부를 상담한 적이 있었어. 이들은 처음부터 레즈비언이 아니었어. 이들의 공통점은 남편에게 폭력 피해를 당하다가 남편을 떠나 보호기관(shelter)에서 사는 여성들이라는 점이었어. 이러한 레즈비언 부부들 중에는 여러 차례 결혼을 했으나 그때마다 남편에게 감당하기 힘든 폭력을 당하고 다시 보호기관으로 돌아오는 경우도 있었지. 그 보호기관에서 만난 피해여성들이 서로를 이해하고 공감하다가 결국 결혼 대신 파트너로서 가정을 이루어 살기로 마음먹고 보호기관을 퇴소해 함께 사는 일을 목격하게 되었단다. 그 일은 아빠가 동성 부부의 형태를 무조건 삐딱한 눈으로 보는 편견을 버리게 된 계기가 되었지.

그리고 서구의 트라우마 연구자들은 외상후 스트레스 장애를 지속적으로 겪는 이들에게 꼭 처방하는 제안이 하나 있단다. 바로 반려동물을 키우도록 하는 일이지.

외상후 스트레스 장애를 겪는 피해자들은 유난히 주변 대상이나 환경에 대한 공포와 불안이 아주 높아진단다. 그때 가장 중요한 내적인 자원은 바로 자신을 공감해주고 사랑해주는 애착대상을 가지는 일이지. 그래서 따뜻하고 안정적인 부모

와의 애착경험을 가진 사람들이 같은 재난과 사고를 경험해
도 그런 트라우마 기억에서 서서히 자연회복되는 경우가 훨
씬 많은 법이란다.

그런데 트라우마를 집중적으로 치료하는 전문가들이 장애를
가진 피해자들에게 가장 손쉽게 제안할 수 있는 애착 대상이
바로 반려동물인 거지. 그 이유가 뭘까? 누구에게나 안정적인
애착을 할 수 있는 인간 대상을 찾는 일보다 동물과의 애착을
갖는 것이 훨씬 빠르고 효과적이기 때문일 거야.

그래서 아빠 같은 마음건강 전문가들은 전통적인 관습이나
제도에 따른 일반적인 가족의 형태를 만드는 일만이 가족 행
복에 무조건 도움이 되는 것이 아니라는 점을 알게 되었단다.
때로는 동성의 파트너와 함께 사는 형태나 자신에게 항상 안
정적인 애착경험을 줄 수 있는 반려동물과 함께 하는 가족의
모습이 훨씬 마음의 평화를 누릴 수 있도록 돕는 가족 형태일
수 있다는 거지.

젊은 세대가 선호하는 1인 가족 혹은 반려동물과 함께 사는
1인 가족의 경우도, 네가 이야기한 것처럼 자신의 인생 목표

에 따라서 전통적인 가족의 가치보다 더 중요하다고 믿는 다른 가치를 선택하는 과정이라고 생각해보면 마음건강의 관점에서는 충분히 이해할 수 있는 여지가 생기지 않을까?

전통적인 가족의 형태만을 중시하는 우리 기성세대도 이제는 개인주의를 표방하는 너희들의 태도가 분명 이기주의와는 질적으로 다른 것임을 알아야 한다고 생각해. 젊은 세대의 개인주의는 분명 자아실현의 욕구와 연관되어 있는 것이니까. 그리고 자아실현의 욕구는 다시 한국적인 개인주의 문화를 만들어내는 것 같다. 이젠 기성세대도 이런 현상을 서구의 개인주의를 모방하는 모습이라고 판단하면 안 되는 이유이기도 하지.

분명 아빠 세대나 그 이전 세대는 결혼이 인생에서 가장 필수적인 과정이라 여겼었지. 하지만 이젠 많은 사람들이 결혼만이 가족의 행복을 자동적으로 보장해준다고 굳게 믿는 것은 분명 환상이라고 여기는 시대가 온 것 같다.

가족과 갈등을 빚어온 경험이 많을수록 더욱 자신만의 삶을 구축하고 자신만의 공간과 시간을 가지려고 하는 경향이 두

드러지고 있는 것 역시 1인 가구의 급격한 증가를 만들어내
는 요소이지. 네 말처럼 분명 옳고 그름의 문제가 아니다.

평생직장을 '포기'하는 세대 _____

네가 가끔 이야기한 것처럼 아빠 세대는 직장을 잡으면 그 곳
에서 평생을 보낼 것이라는 생각을 굳게 가지고 살았단다. 그
래서 입사 면접 때 단골 멘트 중 하나로 회사에 뼈를 묻겠다
는 다짐을 외치곤 했었지.
그래서 소위 '요즘 애들'이 직장 생활중 부당한 요구가 있을
때 꾹 참고 인내하지 못하고 자기주장을 해대면 기성세대가
혀를 차게 되는 일도 생길 수 있는 것 같다.

그런데 아빠는 평생직장을 포기하고 퇴사를 하는 이들을 상
담한 적이 꽤 많거든. 여기에도 분명히 세대 간 차이가 있는
것 같다.
아빠 세대라면 중간에 명예퇴직을 당하는 경우, 스스로 명예
롭게 직장생활을 마감했다고 여기기가 참 힘들단다. 대개 반

강제적으로 퇴사를 당하게 되면, 그 경험 자체로 아주 수치스럽고 비참하게 자기 인생을 종쳤다고 믿게 되는 경우가 더 많은 것 같다. 그래서 그런 자괴감을 감추려고 지독한 분개심과 적개심을 표출하면서 회사 쪽으로는 눈길도 주지 않고 앙심을 품게 되는 사람들을 참 많이 만났다.

2008년 국제금융위기 때 명퇴를 당한 당시 50대 대기업 임원들과 집단상담을 한 적이 있는데, 거의 30년 넘게 다녀온 회사에 대한 분노가 하늘을 찌르더구나. 자신이 겪고 있는 모멸감으로 인해 회사 욕을 마구 퍼붓는다고 해서 그 내면이 평안을 되찾아질 리가 없을 텐데, 참 많이 안타까웠지.

하지만 아빠가 상담했던 내담자들 중 퇴사 이후 전혀 다른 경험을 하는 내담자들도 생겨났다. 그들은 주로 평생직장이라고 믿고 직장에 들어갔던 80년대생 밀레니얼 세대 내담자였어. 실은 이들도 부모세대의 영향을 받아 한번 직장에 들어가면 평생 있어야 된다고 믿고 회사에 들어갔지. 그런데 부모와 주변의 엄청난 반대를 무릅쓰고 퇴사를 감행한 거야. 그런데 그 내담자의 내면은 의외로 담담하고 평온했어. 그가 한 이야기를 잊을 수 없어.

"사실 저도 5년 이상 고민하다가 결정한 것이었는데 퇴사를 하는 순간 나도 할 수 있다는 가능성이 무한대로 열린다는 생각에 숨통이 트였어요!"

이건 바로 네가 편지에서 한 이야기와 같은 의미인 것 같다. 이제 너희 세대는 인생에 대한 선택의 옵션이 한두 가지가 아니라 무한대로 열려 있다는 인식에서 말이야.

아빠가 중도 퇴사한 밀레니얼 내담자와 상담할 때만 해도 아빠는 그런 내담자가 또래 밀레니얼 세대보다 용감하다고 여겼거든. 그러니까 주변 친구들도 왜 좋은 직장을 퇴사하려 하냐고 말렸는데도 결국 감행할 수 있었겠지.

그런데 이제 다함이 세대는 용기가 필요한 소수만 이런 인식을 가진 것이 아닌 것 같다. 오히려 대부분의 Z세대가 억지로 하기 싫은 일을 해야 하는 숨 막히는 직장생활을 이어가느니 차라리 퇴사하고 진짜 원하는 일을 해보면서 살겠다는 선택을 과감하게 하는 세대인 거지.

그런 점에서 아빠가 보기에는 80년대 밀레니얼 세대와 다함이 세대와도 묘한 차이점이 있다고 생각해. 80년대생들은 생각만 하다가 용기 있는 소수만이 실천했던 일을 이젠 Z세대 대부분이 아무렇지 않게 감행하고 있으니 말이야. 그래서 아빠는 회사에서 세상에 존재하지 않는 혁신적인 과제를 수행할 때는 중간관리자 역할을 하는 밀레니얼 세대가 너희 Z세대와 협업하는 것이 반드시 필요하고 유의미할 거라고 믿는다.

이 묘한 차이는 어디에서 비롯되었을까? 너희 Z세대가 '스마트폰 세대'라고 하잖니? 그 이전 밀레니얼 세대는 '인터넷 세대'라고 할 수 있을 거야. 가상의 온라인 공간에서 익명으로나마 자신의 주장을 마음껏 펼칠 수 있었던 문화를 처음 경험했던 신세대랄까?

아빠 세대는 무조건 시키는 걸 잘해야 칭찬받는 세대였다면, 자기주장을 제대로 해야 칭찬받는 새로운 시대가 시작된 거지. 그래도 기성세대가 가지고 있는 강력한 요구와 압박을 뚫어내는 것이 결코 쉽지 않은 과제였다고 할 수 있겠지.

거기에 비해 너희 세대는 훨씬 방대하고 입체적인 디지털 세상에 '네이티브'로 태어난 특별한 세대이지 않니? 오죽하면 태어나자마자 스마트폰을 가지고 태어난 세대라고 하겠니?
아빠가 10년 전만 해도 대학에서 300명 이상 되는 학부생들
이 수강하는 초대형 강의를 한 적이 있었거든. 강의 수칙을
만들었는데 스마트폰을 수업시간에 책상 위에 꺼내놓거나 쳐
다보면 경고를 주고 세 번 경고를 받으면 학점을 하향조정하
는, 지금 생각해보면 역대급 꼰대 짓을 한 적이 있었단다. 이
유는 그 놈의 스마트폰 때문에 학생들이 수업에 집중을 못한
다는 생각 때문이었지. 나중에 아빠도 스마트폰이란 존재가
너희 세대에게는 '숨쉬기'와 다름없다는 걸 깨달았고, 수업시
간에 과호흡을 일으키는 그 따위 이상한 수칙 같은 것은 정말
세대 불통의 상징이었음을 알게 되었지. 지금은 마음 깊이 반
성한다.

이제는 수업중에 학생들에게 각자 스마트폰을 꺼내서 검색해
보라고 요청하기도 하고, 챗GPT에도 실시간으로 물어보라고
하면서 수업을 이어가기도 한다. 사실 진즉 그렇게 강의를 했
어야만 했다. 이유는 너희가 유아기부터 디지털 세상으로 태
어난 '네이티브(원주민)'이고, 아빠 같은 기성세대는 오히려 디

지털 세상에 성인 이후에 입문한 이주민에 해당되기 때문이지. 그렇기 때문에 나의 예전 행동은 마치 미국에서 한인교포가 미국사람에게 미국식 영어를 쓰지 말고 한국식 콩글리시로 대화하자고 우기는 꼴이었던 거지.

네 말처럼 디지털 시대의 주인공들인 너희들은 정말 실시간으로 전 세계에 흩어진 어마어마한 양의 정보를 접하면서 자유롭고 능동적으로 가장 적합한 선택을 하는 연습을 어린 시절부터 아주 오랫동안 한 세대인 것만은 분명한 것 같다.

그런 의미에서 너희들은 기성세대가 굳게 천착하고 살아왔던 환상을 무조건 받아들이지 않고 취사선택해야 될 때가 되었다고 믿는다. 부모가 반드시 정규직을 가져야 행복할 수 있다고 목청껏 주장해도 믿지 말거라. 너희 세대는 더 이상 부모가 원하는 정규직이 되기 위해서 무조건 '까라면 까라'는 기성세대의 궤변에 스스로를 설득시킬 필요도 없다. 행복한 자기 계발과 성장이 너희에겐 훨씬 중요한 선택일 수 있으니까.

하루에 1시간은 엉뚱한 상상하기 _____

아빠가 대학원 면접에서 지원자들에게 자주 물어보았던 질문이 하나 있단다. "박사과정에 입학하면 졸업하고 5~6년 뒤에는 어떤 모습의 전문가로 살 것 같으세요?"

사실 이 질문은 보통 회사 신입직원 면접에서도 자주 묻는 단골 질문이지. 그간 아빠가 주로 밀레니얼 세대들에게 들었던 답변은 꽤나 준비된 답변이었던 것 같다. 예컨대 교수나 연구자가 되겠다든지, 전문 상담센터를 운영하면서 임상가로 살겠다는 답변이든지. 지금은 아빠도 이런 식상한 답변을 자동적으로 요구하는 질문을 더 이상 하지 않는다. 오히려 전통적인 답변, 즉 교수나 연구자나 센터장 말고 새로운 시대에 자신만이 해보고 싶은 일이 없느냐고 묻는다.

처음에는 예상대로 답변이 신통치 않았단다. 그런데 요즘에는 다양한 창업 아이디어나 AI와 같은 첨단 기술과 접목한 상담 서비스에 대한 의견을 제시하는 답변자들이 많이 늘었다. 특히 너희 세대일수록 그런 새로운 도전과 혁신을 꿈꾸는 친구들이 많다는 점이 참 고무적이다.

아빠가 한 15년 전 쯤에 미국 혁신기업의 조직문화를 연구하고자 실리콘 밸리 기업들을 탐방하면서 경험한 '리버스 멘토링(reverse mentoring)'이란 프로그램을 한국 기업에 소개한 적이 있단다.

머리가 희끗한 기업 임원이 아침 8시부터 멘토링을 하니 참관하라고 아빠를 초대했거든. 그런데 멘토링하는 모습이 조금 이상했어. 그 임원 분 앞에 20대처럼 보이는 청년들 3명이 앉아 있는데, 임원 분보다 청년들이 훨씬 말도 많이 하고 활발하게 자기주장을 하는 것처럼 보였어. 게다가 멘토 역할을 해야 할 임원은 거의 받아쓰기를 하는 것처럼 노트북에 뭔가 열심히 기록하는 것 같더라.

나중에 알고 보니 그 멘토링의 멘토는 그 임원이 아니었어. 3명의 청년 사원이 멘토였고, 임원이 오히려 멘티였던 거지. 즉 거꾸로 하는 멘토링이었던 거야.

아빠는 생전 처음 경험하는 모습이어서 의외였다고 하자, 그 임원 말이 가관이었지. 도리어 아빠에게 대체 뭐가 이상하냐는 거야. 주로 20대가 활용하는 애플리케이션을 만드는 프로젝트를 계획중인데, 당연히 20대 직원이 멘토가 되어야 하지 않겠느냐고.

그 말을 듣고 보니 정답 같았어. 그래서 당연히 귀국한 후 아빠는 한국의 여러 기업 임원들에게 소개도 하고, '리버스 멘토링'에 대한 강의도 하고 다녔지. 그런데 이 '리버스 멘토링'을 시도한 한국의 기업들에서는 별로 효과가 없다는 후문이 더 많았단다. 좀 이상하다 싶어 어떻게 프로그램을 운영하는지 물었더니, 한국에서는 임원들에게 보낼 멘토를 엄정하게 선정해서 보낸다는 거야. 특히 임원들에게 '리버스 멘토링'을 할 경우 젊은 멘토가 와서 '괜한 헛소리만 한다'고 평가하면 프로그램이 제대로 시작도 해보기 전에 종결될까 두려워서라고 했어.

아빠는 기가 막혔지. 임원들 듣기 좋은 이야기만 선별해서 할 수 있는 대리나 과장급으로 멘토를 선정했다는 거니까 효과가 좋을 리가 있겠니?

그러다가 10년 가까이 하면서 효과를 보는 기업도 생겨났어. 코로나를 겪으면서 비대면 매체를 통해 Z세대 젊은 직원들이

생기발랄한 단체 멘토링을 진행하도록 기획한 거야. 개인정
보를 노출하지 않고 진행하고 싶으면 화면을 *끄고* 해도 된다
고 했는데도, 젊은 직원들은 오히려 그게 더 불편하다며 화면
을 *끄지* 않고 자기주장을 하더래. 네 말처럼 Z세대들은 어느
직장이든지 평생 근무할 생각을 하지 않을 수 있으니까 상사
들에게도 얼마든지 강력한 자기주장을 마음껏 할 수도 있는
것 같았어.

젊은 직원들이 주장하는 기발한 아이디어와 참신한 제안을 경
험한 임원들이나 경영진은 비로소 '리버스 멘토링'의 진수를
경험하게 된 거지. 그리고 이런 프로그램이 왜 선진국의 혁신
기업에서 오랜 시간 동안 자리 잡게 되었는지 깨닫게 되었다
고 하더라. 이게 다 너희 세대의 과감한 자기주장 덕분이지.

자신만의 창의적인 생각도 늘 깊숙이 묻어두고, 특히 통제적
인 조직 내에서는 자기주장을 애써 자제하고 아주 소극적인
자기주장만 어렵사리 해왔던 이전 세대와는 달리 너희들은
어떻게 강력한 도전의식과 저항정신으로 적극적인 자기주장
을 실천할 수 있게 되었을까?

그 배경에는 평생직장 환상을 '포기'하면서 평생직장에 붙어

있기 위해 절대 튀면 안 된다는 강박에서 벗어나며 생긴 여유
가 만든 당당함이 있는 게 아닐까?

네 말처럼 모든 걸 다 포기할 순 없는 것이고, 정말 열정을 퍼
부을 목표와 비전을 가지는 것은 중요하겠지. 아빠는 조급하
게 찾을 필요는 없지만 하루에 일정 시간 너만의 인생 밑그림
을 그려보고 또 지워보는 상상의 나래를 펴보는 시간을 가질
것을 강력하게 추천한다. 마치 공상 영화의 주인공처럼 아주
특별하고 독창적인 너의 모습을 꿈꾸듯 머릿속에 그려보는
거지.
네가 상상해야 할 세계는 단순히 5년 뒤 혹은 10년 뒤에 예측
할 수 있는 그런 세상이 아니야. 네 말대로 가능성을 무한대
로 열어놓은 대우주 같은 신비의 공간일 거야. 결국 그런 네
엉뚱한 상상은 점점 진화할 수 있고, 필요한 때가 되면 실현
가능성을 만들어낼 수도 있지.

창의적 기업의 명성을 오랫동안 유지해온 3M 기업에서는 연
구개발 인력들에게 '15퍼센트 룰'을 만든 것으로 유명하지.

15퍼센트 룰이란 연구원들에게 근무시간의 15퍼센트에 해당하는 시간을 자기 자신만을 위한 시간으로 재량껏 사용하도록 허용하는 규칙이란다. 자기개발과 성장에 관심이 많은 너희 세대에게 꼭 맞는 룰이라고 볼 수도 있지.

또 다른 혁신 기업 구글은 15퍼센트 룰을 더 확대해 '20퍼센트 룰'을 만들었단다. 창립 초기부터 모든 직원들은 하루 근무시간 8시간 중 최대 90분을 근무일지를 쓰지 않아도 되는 상상의 시간을 가지도록 한 거야. 마음이 맞는 직원들끼리 함께 모여서 잡담을 하기도 하고, 마치 대학교 동아리처럼 모여서 자신의 관심사를 나누도록 물심양면으로 지원했대.

놀랍게도 구글의 대표 프로그램인 지메일(Gmail), 구글맵(Google Maps), 구글토크(Google talk), 구글어스(Google Earth) 등이 모두 다 '20퍼센트 룰' 시간에서 첫 번째 아이디어가 시작되었던 프로젝트였다고 해.

이런 사실은 누구나 시키는 일을 억지로 하기보다 자신이 원하는 일을 통제받지 않고 자율적으로 할 때, 보다 창의적인 결실이 가능하다고 해석해볼 수 있지 않겠니?

아빠는 개인의 독창성과 창의성은 자율성과 주도성의 씨앗에서 움트는 열매라고 생각해. 그런 씨앗을 어떻게 평소에 마음밭에 심을 수 있을까?

다함아, 세계적인 혁신기업의 성공 비결 중 하나로 알려진 '15퍼센트 룰'이나 '20퍼센트 룰'을 너도 일상에 적용해보렴. 학업이나 취업을 위해 꼭 해야만 하는 일들로 채워져 있는 하루 일정 중 시간을 일부 떼어내어 엉뚱한 상상력을 펼치는 시간을 가져보렴.

지금은 그 누구도 동의하지 않을 상상, 불가능한 일을 가능하게 만드는 동화 같은 상상이라도 상관없다. 상상을 하면서 개인 노트북에 기록을 남겨보기도 하고 그림을 그려보아도 좋다. 논리적으로 문법을 맞추어 쓰지 않아도 된다. 머리에 떠도는 생각을 은유적으로, 혹은 상징적으로 적어보는 것도 참 좋다. 마치 시인 같은, 혹은 예술가 같은 네 자신을 상상해보렴. 하루에 한 시간 정도면 충분하겠지.

우리 모두 어떤 일을 하더라도 정보를 모아서 분석하고 답을 찾는 좌뇌를 사용할 때가 많단다. 하지만 죽어 있는 우뇌를 활성화하는 것이 창의성을 발현하는 데는 가장 빠른 지름길이기 때문에 이런 시간이 반드시 필요하다고 생각해.

네가 마음속 그림을 그리면서 시각적인 모습을 떠올리며 끊임없이 공상해보는 일은 우뇌의 창의성을 무한대로 진작시킨단다. 아직 열정을 바쳐 몰입할 목표점이 없다는 아들에게 아빠가 꼭 권하고 싶은 습관이다. 네 우뇌를 살아 숨 쉬게 만드는 시간은 절대로 헛된 시간이 되지 않을 테니까.

그런 의미에서 '요즘 아이들 같지 않다'는 칭찬을 듣기 위해 너무 노력하지는 말거라. 오히려 소위 '요즘 아이들'만의 강점을 귀하게 여겨라.

무한한 가능성을 향해 돌진하는 용기를 품고 '요즘 아이들'다운 아들로 살아가길 아빠는 간절히 바란다.

2024년 11월 16일
요즘 아이들의 열혈팬인 아빠가

"많은 것을 포기하는 인생은
정말 불안하고 위험할까요?"

아빠

다함아,

그제 밤 11시가 넘어서 급하게 전화했다만, 아마 스마트폰
반납한 시간이 지나서 못 받았으리라 믿고 싶구나. 갑자기
비상계엄이 선포되던 3일 밤, 엄마와 아빠는 밤새 가슴을 졸
이면서 밤잠을 설쳤단다. 네게 무슨 일이라도 벌어진 건 아
닌지 도무지 알 수가 없어서 어제도 오늘도 답답해 죽을 지
경이다.

오늘 밤까지 통화가 안 되어서 걱정이 앞서는구나. 이 메시지 확인하는 대로 꼭 전화나 짧은 답신이라도 부탁한다.

아빠는 가족상담 전문가로 살면서, 부모의 학대로 인한 트라우마 치유를 위해 찾아오는 내담자들이 유난히 많았다. 그들에게서 이런 고백을 자주 들었지. "어린 시절, 아버지의 발자국 소리만 들어도 제 심장박동 소리가 들릴 정도로 저는 공포에 휩싸였어요."

엄마는 대통령이 비상계엄을 선포하는 방송을 접하자마자 갑자기 심장이 너무 뛴다며 가슴을 쥐어뜯었다. 아마도 강원도 최전방에서 군 생활중인 네 모습이 제일 먼저 떠올랐기 때문이었을 거야. 엄마는 어린 시절 학대 경험도 없는 사람인데, 아빠 눈에는 트라우마 반응처럼 보일 정도였어. 자정이 다 된 시간이라 당연히 네가 전화를 받지 않는 거라고 달랬지만, 엄마는 그 밤에 당장이라도 철원으로 갈 기세였다.

그러다가 엄마는 돌연 아빠에게 국회로 가자고 졸랐다. 계엄 해제를 위해 모여드는 국회위원들을 우리라도 지켜야 한다면서 말이야. 그런 엄마의 모습은 아빠도 생전 처음이었다. 엄마를 겨우 진정시키고 TV와 SNS 생방송을 통해 긴박한 상황을 떨리는 가슴을 부여잡고 지켜봤지. 엄마의 눈에는 눈물이 쉬지 않고 흘렀다.

외신들은 한결같이 한국의 민주주의 '성공 신화'가 한 밤의 비상계엄 사태로 커다란 위기를 맞았다고 보도했다. 사전에 전혀 통보받지 못했다는 백악관 국가안보실 대변인의 언급이 보도되면서 한미동맹에도 큰 위기가 닥쳤다고 우려하는 것도 사실이다. 하지만 맨몸으로 군인들과 맞서는 시민들의 모습이 생방송으로 전달되고 계엄 해제가 만장일치로 의결되었다는 소식이 전해지자 '한국 민주주의의 쾌거'라는 외신의 긍정 평가가 이어졌다.

그나마 참 다행이라고 생각해. 오히려 미국 국무장관은 "한국의 민주적 회복력과 법치주의는 세계에서 가장 강력한 사례"라고 찬사를 보내기도 했다.

레바논 태생 시인 칼릴 지브란은 부모에 대한 글을 남긴 적이 있단다. "그대들이 아이들처럼 되기에 힘쓰는 것은 좋으나 아이들은 그대들처럼 만들지 말라… 그대들은 활, 아이들은 화

살이다. 사수인 신(神)은 그대들을 힘껏 당겨 아이들을 먼 미
래로 쏘아 보내신다."

지난 3일 중무장한 채 국회로 침투한 최정예 공수부대원도
엄마, 아빠 세대의 자녀들이었다. 퇴각 명령 후 철수하는 공
수부대 장병이 여러 차례 고개를 90도로 숙이며 시민들에게
죄송하다고 인사하는 장면을 보고, 엄마는 목 놓아 오열하더
라. 아마도 아무런 죄 없이 고개를 숙이는 군인의 모습에서
네 모습이 겹쳐져 보였기 때문이라고 생각했다.

시인 지브란의 언급처럼 부모는 자신의 허리가 끊어져도 화
살 같은 자녀를 가장 평화로운 세상으로 쏘아 보내려는 활의
본성을 가지고 있다고 생각해. 아마 외신이 관찰한 민주주의
회복성은 이런 부모들이 만들어낸 한 장면일지도 모르겠다.

꼭 다함이 세대는 가장 민주적인 나라에서 자신의 몫을 당당
히 감당하는 세상의 주인공들로 살기를 두 손 모아 기도한다.

2024년 12월 5일 밤
애타게 답신을 기다리는 아빠가

여덟 번째 편지

"
내가 세상을 바꿀 수 있다는 용기를
어떻게 가질 수 있나요?
"

아들

아빠, 죄송해요. 엄마 아빠의 부재 전화와 문자를 확인했었지만 정신없이 며칠이 지나갔어요.

결론부터 말씀드리면, 제가 속한 부대는 워낙 북한과 마주하고 있는 최전방이어서 그런지 비상계엄이 선포되던 밤에 장병들에게는 어떤 소집 명령도 없었어요. 강원도 다른 지역에서 복무중인 친구들 중에는 그날 밤에 완전무장하고 대기했던 경우도 있었다고 해요.

지난 며칠 동안 핸드폰을 통해서 계엄이 선포되고 많은 군인들이 국회나 다른 헌법기관에 동원되는 모습을 보면서 마치 〈서울의 봄〉 영화에서 본 장면이 그대로 재연되는 것 같은 충격에 현실감을 느끼기가 어려웠어요. 〈서울의 봄〉 영화를 보고 나서 아빠가 이런 이야기를 하셨던 게 기억나요. 아빠가 대학생일 때는 사복경찰이 대학 캠퍼스 안으로 들어와서 가끔씩 검문도 하고 학생들의 단체행동에 최루탄을 터뜨려 해산시키기도 했다고요.

그때 저는 그것이 현실감이 전혀 느껴지지 않는 먼 나라 얘기처럼만 들렸거든요. 그런데 이번 계엄 사태를 군인 신분으로 경험하면서 과거에나 있을 법한 비현실적인 일들이 언제든지 일어날 수 있다는 무서운 생각이 들었어요. 그리고 문득 그런 의문이 들었어요. '아빠는 나와 같은 대학생 때 어떻게 그런 공포의 캠퍼스에서 용기를 가지고 사실 수 있었을까? 그리고 어떻게 20대 대학생이 자신의 행동이나 저항으로 세상을 바꿀 수 있다는 확신을 가지게 되셨을까?'

아빠, 혹시 이런 생각을 하신 적은 없었나요? '나 한 사람이 광장에 나간다고 세상을 바꿀 수 있을까?'

가끔 어른들은 용기 있는 한 사람이 세상을 바꾼다는 이야기를 하지요. 그런 영웅들이 위인전에는 분명 여럿 있을 거예요. 그런데 저희 세대의 친구들은 우리도 세상을 바꾸는 영웅이 될 수 있다고 확신하면서 사는 게 쉽지 않은 것 같아요. 분명 저희가 살아갈 세상은 저희가 변화시킬 수 있을 만큼 만만하게 보이진 않거든요. 오히려 내가 스스로 세상을 바꾸겠다는 마음을 먹으면, 우리를 무겁게 짓누르는 세상의 무게가 더 과중하게 느껴지지요. 아빠는 저 같은 한 사람이 세상을 바꿀 수 있다고 믿으시는지 궁금해요.

엄마가 군대 간 아들로 인해 지나치게 걱정하지 않으시도록 아빠가 잘 달래주시리라 믿습니다. 전 괜찮으니까 아빠도 너무 걱정은 마시고요.

2024년 12월 6일
다함 올림

"내가 세상을 바꿀 수 있다는 용기를
어떻게 가질 수 있나요?"

아
빠

아들,

답신 반갑게 잘 받았다.

엄마도 네 소식 듣고 한숨 돌리셨단다.

너도 알다시피 유난히 불안이 높은 엄마여서 너에 대한 불안
을 쉽게 내려놓진 못하실 것 같다. 나라 전체가 아직도 시끄
럽다 보니 네가 제대하기 전까지는 잔잔한 불안을 안고 사실
듯하구나.

네 편지를 받고 정말 아빠가 내 자신이 세상을 바꿀 수 있다고 믿고 있는지 한번 스스로 질문해보았단다. 글쎄, 아빠도 그런 대단한 믿음은 없지 않나 싶다.

대신 아빠는 갑자기 아빠가 들은 이야기 하나가 떠올랐다. 아빠가 아는 미국의 한 흑인 신학자가 8세 때 친척에게 이런 당찬 질문을 했다는구나.

"내가 어떻게 세상을 바꿀 수 있죠?"

아마도 당시에 이 흑인 꼬마는 세상이 정의롭지 못하다는 생각이 꽤 많았던 모양이다. 그 친척은 그 꼬마에게 이렇게 답했다고 하더구나.

"얘야, 나는 세상을 어떻게 바꿀 수 있는지는 모르겠지만, 내 주변 3피트를 바꿀 수는 있단다."

흑인 꼬마는 나중에 커서 아빠처럼 신학대학원에서 상담학을 가르치는 교수가 되었고, 그 친척의 답변이 자신의 인생 모토가 되었단다. 아빠도 그와 비슷한 생각을 가지고 살았던 것 같다.

3피트를 한국에서 주로 쓰는 수치로 정확하게 이야기하면, 91.44cm란다. 그러니까 우리 주변 1미터 정도라고 상상해보

자. 우리를 스치고 지나가는 사람들을 변화시킬 수 있다면 우리는 세상을 변화시키는 첫 단추를 끼고 있다고 생각해.

그게 아빠에게는 아침 식사를 같이 하는 엄마일 수도 있고, 출근길에 엘리베이터 안에서 만난 이웃집 꼬마일 수도 있어. 그리고 수업시간에 만난 학생일 수도, 점심 먹으러 간 식당 앞에서 만난 노숙자일 수도 있지. 지금 너에겐 너와 함께 땀 흘리며 산을 오르는 동료 장병일 수 있고, 외출 나왔을 때 읍 내에서 만나는 가게 주인장일 수도 있겠다. 우리가 하루에도 몇 번씩 여러 곳으로 이동하다 보면, 우리 주변 1미터는 하루에도 꽤 넓은 반경을 가지게 되는 거지.

주변 1미터에 평화를 만드는 일 _____

인류는 오랜 역사 속에서 전쟁이 없는 평화로운 세상을 꿈꾸었지만 현실이 되긴 쉽지 않았다. 지금 우리가 사는 시대에도 그렇지 않니? 우리가 편하게 잠을 자는 오늘 밤에도 지구 한 편에서는 폭격과 살생이 진행되고 있으니까 말이야.

그런 현실을 생각해보면, 평화로운 세상을 만드는 일은 그저 환상에 불과하다고 생각할 수도 있을 거야. 아빠가 환상은 우리가 간절히 원하지만 결코 이뤄지지 않는 일이라고 했었지. 그런데 환상(fantasy)이란 게 오류(error)나 망상(delusion)과는 달라. 틀린 생각이거나 허황된 꿈은 아니란 말이지.

현실에서 이루어지지 않는 것이 환상이란 걸 받아들이는 사람은 새로운 현실적인 꿈을 꿀 수 있단다. 예를 들면 세상에 전쟁 소식이 전혀 없는 날을 기대하는 환상에 빠져 있기보다는 전쟁을 줄이는 방법을 새롭게 도모할 수 있다는 거지. 영어로 'war-less world'는 전쟁이 전혀 없는 '제로(zero)인 세상'이라고 해석할 수 있지만, 또 다른 해석도 가능하단다. war(전쟁)와 less(더 적은, 조금 덜한)를 떼어놓고 보면, '전쟁을 줄여가는 세상'을 만들어가자는 의미도 있으니까 말이야.

아빠는 상담 서비스를 연구하고 실천하면서 아빠를 찾아오는 사람들이 1미터 안에 있는 주변 타인들과의 갈등이나 상처를 줄일 수 있도록 그 방법을 함께 탐색하는 일을 줄곧 해왔어. 상담실에 찾아오는 대부분이 1미터 주변에 있는 사람들과 있을 때 평안을 느끼질 못하는 사람들이더구나. 그러니까 아빠

의 직업 자체가 1미터 주변 사람들과의 관계 변화가 가능하
도록 돕는 것에 매진하는 일이었다고 해도 과언이 아닐 거야.

어쩌면 현실 세계에서 평화를 실질적으로 이루고자 한다면
그런 상태는 폭력이 전혀 없는, 제로(zero) 상태가 아닐 거야.
오히려 평화는 폭력을 조금씩 줄여가는(less) 과정이라고도
볼 수 있지 않겠니? 그래서 아빠는 1미터 안에서 비폭력 운동
을 하는 전문가라는 생각을 가끔씩 해.
아빠가 상담중에 만나는 사람들은 1미터 안에서 여러 가지
폭력의 피해를 입은 경우가 참 많았단다. 신체 폭력도 있지
만, 주로 언어폭력에 오래 노출되어온 사람들이 많았지. 가까
운 가족이나 친구들일수록 막말이나 비난의 말을 쉽게 사용
하지만, 이런 언어폭력이 불씨가 되어 나중에는 신체폭력으
로 이어지는 경우도 적지 않단다.

그래서 되도록 1미터 주변 사람들과 폭력적인 언행을 줄이도
록 돕는 일이 참 중요해. 처음에는 1미터 안에서 자주 접촉하
는 가족 구성원들이나 학교 친구, 혹은 직장 동료에게 비난의

말을 하지 않는 것부터 시작하면 좋겠지.

한번 상상해봐. 우리 모두가 각자 자기 주변 1미터 안에서만
이라도 아주 작은 언어폭력부터 조금씩 줄여간다면, 평화로
운 가정, 평화로운 사회, 평화로운 국가에 점점 더 가까워질
수 있지 않겠니?

그런 의미라면 우리 개인 한 명 한 명마다 갈등과 분쟁이 끊
이지 않는 세상을 조금씩 변화시키고 평화롭게 만들 수 있는,
작지만 아주 결정적인 힘을 가지고 있는 건지도 몰라.

그러니 아빠는 1미터 주변을 변화시키는 일부터 다함이가 시
도할 수 있었으면 좋겠다. 너무 세상을 한없이 넓은 공간이라
고 여기면, 세상을 바꾸는 일은 정말 요원한 과제일 수 있을
거야. 그렇지만 아빠와 함께 주변 1미터를 변화시키는 일부
터 시작해보자.

작아 보이던 변화는 분명 1미터로 그치지 않을 거야. 주변
1미터 반경 안에 있는 사람들이 그 변화를 다시 주변으로 퍼
뜨려 나갈 테니 말이야. 그러니 충분히 용기를 내볼 만한 일
이지 않니?

미국의 문화인류학자 마거릿 미드(Margaret Mead)는 이렇게 말했지. "열정적인 소수의 시민들이 세상을 바꿀 수 있다는 것을 의심하지 마세요. 실제로 세상을 바꾼 것은 언제나 그들뿐입니다."

알고 보면 대단한 위인들 몇 명이 세상을 바꾼 게 아니라, 아주 평범한 시민들이 세상을 바꾸어왔다는 거야. 서구의 민주주의 발전사만 보아도 증명이 되지 않니? 민주주의로의 발전은 위대한 지도자의 리더십에 달려 있다고 여기기 쉽지만, 실은 용기와 열정을 가진 시민들이 민주주의를 일군 숨은 공신일 때가 많았지. 아빠는 우리나라 민주주의 역사도 마찬가지라고 생각해.

아빠 세대뿐 아니라 너희 세대에서도 분명히 평범한, 하지만 열정적인 소수가 실제로 세상을 서서히 바꿔가는 주역이 될 거라고 믿어. 다함이도 그런 소수가 될 수 있기를 아빠는 기대한다.

자신의 한계를 인정하는 용기 _____

네 편지를 읽고 나서, 아빠가 대학생 때 정말 불의한 세상을 향해 거침없이 외치는 용기가 있었던 건지 스스로에게 물어보았어. 만약 그런 용기가 조금이라도 있었다면 지금은 어떤지, 지금도 여전히 그런 용기를 가지고 있긴 한 건지 찬찬히 점검해보았지.

솔직히 말하면, 그런 젊은 날의 패기는 벌써 사라진 지 오래된 것 같더구나.

게다가 아빠는 상담학을 공부하면서 정작 가장 큰 용기가 필요한 일은 '자기 자신을 받아들이는 일'이라고 생각하게 되었지. 스위스의 정신과의사이자 정신분석학자인 칼 융(Carl Jung)도 "자신을 온전히 받아들이는 일이야말로 세상에서 가장 무서운(terrifying) 일"이라고 언급하기까지 했거든.

그래서일까? 상담을 하다 보면 혹자는 다른 사람들에게 친절한 사람으로 인정받기 위해 '스마일' 가면을 쓰고, 또 다른 사람들은 주변으로부터 무시당할까 두려워 일부러 '까칠이' 가면을 쓰기도 한단다. 아빠가 이전 편지에서도 융이 이런 가면을 '페르소나(persona)'라고 불렀다고 언급했던 것, 기억나지? 예외 없이 우리 안에는 자신도 모르는 불안과 두려움, 자기 존재에 대한 자괴감과 부적절감이 숨겨져 있단다. 하지만 이를 오롯이 받아들이는 일이란 결코 쉽지 않다.

자기 자신의 속마음을 알고 싶어 아빠 같은 심리상담사를 찾아온 이들 역시 정작 자신의 내면의 골짜기를 내려갈 참이면 이내 브레이크를 잡는 경우가 많단다. 소위 '마음의 저항'이 시작되는 거지. 내담자들은 자신의 마음속에 무력한 아이가 숨겨져 있거나 난폭한 괴한 같은 공격성이 숨겨져 있다는 사실을 좀처럼 수용하기 어렵기 때문이야.

하지만 그런 부끄러운 자신을 온전히 받아들이는 용기를 발휘할 수 있는 이들은 비로소 자신을 스스로 초월할 수 있는 힘에 대한 믿음을 가지게 되고 마침내 치유의 문을 열 수 있게 된단다.

아빠가 존경하는 제266대 교황 프란치스코는 한 프랑스 사회학자와의 인터뷰에서 자신의 삶의 큰 전환점이 되는 한 가지

사건을 소개한 적이 있단다. 그런데 그 사건은 대단한 종교적 일화이거나 신비스러운 체험 같은 게 아니었어.

교황은 자신이 42세 때인 1979년, 아르헨티나 예수회 수장으로 재직하면서 반년이 넘게 일주일에 한 번씩 여성 정신분석가를 찾아갔던 일이 엄청난 자신의 인생 사건이라고 털어놓았던 거야.

그가 자신의 인생을 되돌아볼 때 정신분석을 받았던 경험이 가장 큰 도움이 되었다고 밝힌 이유가 무엇일까? 당시 아르헨티나는 군부 독재 시절이어서 종교 지도자인 그에게 여러모로 심적인 어려움이 있었으리라 예상할 수는 있지. 하지만 그저 단순히 외부로부터 오는 각종 스트레스에 대한 전문가의 위로를 받을 수 있었기 때문만이 아니었던 것 같다. 자신의 내면에 숨겨진 부끄러운 진실을 마주할 용기를 낸 일이 지금의 자신을 만들었다는 당당한 고백이었던 거지.

기독교 성서에 등장하는 인물들의 경우도 마찬가지다. 성서에는 신(神) 앞에서 당당하게 확신에 찬 모습으로 자기 주장을 하는 위인을 도무지 찾기 어렵다. 구약성서의 지도자 모세는 자신을 선택해 부르시는 신 앞에 지극히 무력한 자신의 모습을 고백했고, 심지어 예수도 죽음 직전 십자가를 피할 수 있게 해달라고 신께 아이처럼 울부짖으며 매달렸지. 그들은 모두 자신의 연약하고 부끄러운 내면을 주저하지 않고 드러냈단다. 아이러니하게도 성서에는 이런 이들이 신을 점차 닮아가는 거룩한 인생을 살았다는 스토리들로 가득 차 있어.

우리가 사는 시대에 거룩한 삶을 사는 인물들이 많이 보이지 않는다면, 왜일까? 그건 부끄러운 자기를 솔직하게 수용하는 태도가 참 중요하지만, 그런 자기수용이 가능하려면 실로 어마어마한 용기가 필요하기 때문이라고 아빠는 생각해.

요즘 많은 사람들은 탐욕으로 가득 찬 이 세상이 끊이지 않는 전쟁과 기근으로, 그리고 심각한 기후위기로 점차 멸망의 길로 접어들고 있다고 말한다. 진정 용기 있는 사람은 이럴 때일수록 자신의 유한성과 한계를 숨김없이 스스로 받아들인다. 하지만 그렇다고 그 자리에 주저앉아서는 안 된다.

본시 인간은 앞뒤좌우가 꽉 막히면 하늘을 우러러 올려다 보는 법이지. 자신의 한계를 인정하는 용기가 있어야만 더 큰 사랑의 힘, 그리고 자신의 유한성을 초월하는 거룩한 신성(神性)을 간절히 소망할 수 있는 거야. 아빠는 아들이 그런 용기와 거룩함의 주인공이 되기를 바란다.

비운의 세대? 절대로 기죽지 마라! _____

코로나19 팬데믹이 한창이던 2020년에 아빠는 한 일간지에 고정 칼럼을 쓰고 있었어. 그때 '비운의 고3 아들에게 보내는 편지'라는 칼럼을 쓴 적이 있다. 너에게도 읽어보라고 전달했었는데 아마 기억이 날지 모르겠구나. 당시 미디어 보도를 통해 너와 같은 2002년생들을 '비운의 02년생'이라고 부른다는 이야기를 접하고 마음 아파하면서 썼던 글이었지.

아빠는 그저 네가 2002년, 그러니까 우리 대한민국이 실로 오랜만에 전 국민이 한 마음이 되었던 성대한 월드컵 축제의 해에 태어났다고만 생각했는데, 그해 11월 중국 광동성에서 '사스(SARS)'가 발생했더구나.

2009년 초등학교 입학과 동시에 '신종플루' 사태를 겪어야 했고, 중학교 입학년도인 2015년에는 '메르스(MERS)'가 또다시 유행하며 전국적인 휴교사태가 발생했었지. 그러고 보니 너는 꽃다운 학창 시절 내내 전염병 유행과 유난히 인연이 많았던 거지.

우리 민족은 예로부터 하늘의 뜻을 헤아릴 줄 아는 민족이었지. 정부의 상징으로 쓰이는 삼태극 문양을 알지? 이 상징은 바로 천·지·인(天地人), 즉 하늘, 땅 그리고 사람의 조화를 의미하는 유교의 삼재(三才)사상을 의미한단다.

농사를 지으면서 살아왔던 우리 조상들은 어쩌면 하늘과 땅의 힘에 맞서기보다는 자연과 조화롭게 사는 일을 가장 인간적인 삶의 모습이라고 여겼는지도 모르겠다. 우리가 자랑하는 훈민정음도 천지인 삼재사상과 태극의 음양오행 원리에서 비롯된 문자라고 하잖니.

그런데 돌이켜보면 너를 '비운의 02년생'으로 만든 아픈 현실은 하늘과 땅을 마구 이겨먹으려고 했던 우리 어른들의 일탈 때문일지도 모르겠다. 그래서 더욱 미안한 마음이 엄습해 왔지. 개발도상국 대한민국을 선진국으로 만드는 데 적잖은 공헌을 했다고 자부하는 기성세대는 너희 세대에게 어느 정도 미안함을 가져야 한다고 생각해.

아빠는 너희 세대가 지구를 무한착취해온 부모 세대를 엄중하게 꾸짖는 세대가 되기를 소망한다. 이젠 당신들의 손주 세대를 위해서라도 제발 달라져야 한다고 우리를 가르쳐다오. 그간 부의 대물림과 사교육에만 관심이 있었던 부모 세대에게 제발 그만 좀 하시라고 소리쳐다오. 희망마저 포기한 N포 세대에게 패기와 도전 정신이 없다고 투덜대던 꼰대들에게 그렇게 가열찬 투쟁과 개발로 그동안 지구에 대체 무슨 짓을 한 건지 따져 물어다오.

제발 어른들처럼 남 생각하지 않고 독식하면서 일등 먹겠다는 심보를 절대로 닮지 않겠다고 결심해다오. 이젠 산업화, 민주화를 지나 지속가능한 생태계 공존을 위해 역사의 챕터를 넘길 때라고 가르쳐다오.

그래야 역사는 너희를 이 지구 공동체와 생태계에 비로소 희망을 심은 첫 번째 세대로 기록하지 않을까 싶어서다.

아들아, 비운의 세대라는 말에 절대 기죽지 마라. 그러한 비운이 네가 결코 피할 수 없는 숙명은 아니니까. 일찍이 우리

선조들은 하늘을 감동시킬 만한 지속적인 인간의 노력 뒤엔
반드시 선한 결과가 온다고 믿었다. 하늘을 움직인 이들이 세
상과 역사의 물줄기를 바꿔왔다고 아빠는 굳게 믿는다.

네가 하늘과 땅과의 조화를 다시금 회복하는 주역이 될 수 있
기를 바라는 것은 아빠의 과도한 부탁인 걸까? 아무리 둘러
봐도 그간 가열찬 개발의지로 제멋대로 지구와 자연을 망가
뜨려온 기성세대를 선도할 수 있는 주인공이 아빠 같은 꼰대
중에서는 나오지 않을 것 같아서 그런다. 아무쪼록 우리 아들
은 지금부터 하늘과 땅을 살려낼 새로운 미래를 자주 그려보
길 바란다.

코로나19가 시작된 2020년이 마무리되고, 2021년 새해 첫
날 한 뉴스 프로그램의 앵커가 남긴 두 가지 질문이 아직도
아빠 가슴에 새겨져 있다. 첫 번째 질문은 "언제 우리가 일상
을 되찾을 수 있을까?"였다. 그리고 두 번째 질문은 "우리가
다시 일상으로 돌아가야 할까?"였다. 이 두 번째 질문은 우리
가 다시 예전의 모습으로 되돌아간다면 생태계 교란이 재개
될 것이고 인류는 또다시 재앙의 악순환을 면치 못할 것이라

는 자성이 담긴 질문이 아니었을까.

그때 아빠는 똑같은 질문을 스스로에게 물었단다. 그리고 작은 변화를 만들기로 결심했지. 아빠는 당시 재직하던 대학원의 기관장을 맡고 있었거든. 아빠가 근무하는 건물 내 모든 종이컵을 없애고 심지어 종이컵을 사용하는 자판기도 모두 없애버렸다.

처음 이런 변화에 적응하는 데 구성원들의 불평도 많았어. 아빠는 매 학기 대학원 입시 때마다 어마어마한 종이를 소비하는 게 눈에 들어왔어. 그래서 대학원 입시 절차 전체에 종이 없는 온라인 입시 시스템을 개발해 적용하기로 마음먹었지. 종이로 된 지원원서를 모두 없애 온라인으로만 접수하게 만들었고, 서류평가나 면접심사 때도 종이 없이 노트북으로만 진행하도록 시스템을 만들었어.

아빠가 속한 기관이 학내에서 처음으로 이런 온라인 시스템을 만들었는데, 지금은 어떤지 아니? 대학 내 거의 모든 기관들이 온라인 입시 시스템으로 바꾸었단다. 그때도 아빠는 내 주변 1미터의 변화가 결코 1미터로 그치지 않는다는 진리를 뼈저리게 실감했지.

"내가 세상을 바꿀 수 있다는 용기를
어떻게 가질 수 있나요?"

다함이도 주변 1미터의 작은 변화부터 시작해보길. 야금야금

세상을 바꾸는 첫 단추가 되리라 믿는다.

2024년 12월 눈 내리는 밤
네가 바꿀 세상을 기대하는 아빠가

아홉 번째 편지

"

매 순간 사랑만 하는 삶을
살 수는 없을까요?

"

아들

아빠,

어느새 마지막 계급장, 병장을 달게 되었어요. 연말과 연초에
훈련이 유난히 많았어요. 그동안 아빠에게 편지를 쓰면서 마
지막에는 꼭 사랑에 대한 주제로 편지를 쓰고 싶었어요.
20대 초의 어린 사회초년생이 감히 사랑에 대해 뭘 알겠냐고
하실지 몰라도, 모든 나이대에 사랑은 존재한다고 생각해요.
그리고 저는 사랑에 대한 갈망의 마음이 남들보다 훨씬 더 컸

던 것 같아요. 그러니까, 사랑하고 싶은 갈망과 사랑받고 싶
은 갈망이겠죠.

단순히 이성적인 호감을 처음으로 느낀 나이부터 쭉 여러 형
태의 사랑에 대한 고찰을 해왔던 것 같아요. 그래서 저는 나
름 사랑에 대한 이해도가 꽤 있다고 생각했거든요. 이해도?
사랑을 이해하는 게 가능할까요? 그냥 정보라고 하는 게 낫
겠어요.

저는 사랑에 대한 정보를 나름 많이 축적해왔다고 생각해요.
아빠는 "벌써 네 나이에?" 하시겠죠? 하지만 저는 이런 오만
함을 가져도 되는 나이라고 생각해요. 지금이 아니면 또 언제
이렇게, 나름 사랑에 통달했다고 하는 오만함을 가져보겠어
요? 나이가 들고 나서도 이런 오만함을 가진다면 그게 더 안
타까운 일이 아닐까요?

나름 통달했다고 우쭐대는 제 뒤편에는 어떤 기대감도 자리
잡고 있지요. 앞으로도 쭉 제가 아직 전혀 모르는 사랑들을
배워갈 것이기 때문에.

저는 항상 제가 사랑하는 사람들은 제 존재의 일부라고 정의

해왔던 것 같아요. 그들을 제외하곤 나를 정의할 수 없기에. 엄밀히 말하자면 제가 정말 사랑하는 사람은 또 다른 제 자신이라고 생각하게 되는 거죠.

아빠가 이전 편지에서 인간의 뇌는 절체절명의 위기 순간에는 자기 생명을 지키려는 본능이 먼저 작동한다고 말씀하셨지요? 그래서 뇌 과학자들은 우리의 뇌를 종종 이기적인 뇌라고 부르나봐요.

그런데 최근 뇌 과학을 연구하는 한 교수님의 영상을 보다가, 자신의 생존을 기본모드로 삼는 인간의 이기적인 뇌가 어떻게 희생적인 사랑을 할 수 있게 되었는지 설명하시는 것을 봤어요. 그 이유는 아무리 이기적인 뇌를 가진 사람일지라도 사랑을 할 때만큼은 우리의 뇌가 '나'라는 개념을 확장시키고 있기 때문이라고 설명하셨어요. 뇌는 사랑하는 사람을 나의 일부로 인식한다는 거죠.

제가 생각했던 사랑 개념이 뇌 과학자 교수님을 통해서 증명되었다는 생각에 온몸에 전율을 느꼈어요. 나름 제가 정리한 생각을 과학적인 원리로 설명해주시니 너무 신기했어요.

함께 지낸 세월과 함께 나눈 정, 그리고 함께한 경험 등 많은 것들이 복합적으로 작용해 한 차원 높은 유대관계가 형성되고, 그것이 친구든 연인이든 각기 다른 형태의 사랑이 된다고 생각해요.

그래서 그런 사랑의 관계에 도달하면 모든 것을 제쳐두고 나와 상대방만 존재하는 상태, 어쩌면 서로를 또 다른 나로 확장시킨, 그런 상태가 되어야 하는 건 아닐까요? 그런 의미에서 저는 사랑을 제 존재의 일부를 내어주는 것이라고 정의하고 있는 것 같아요.

너무 철학적인가요? 제가 사람을 정말 좋아하는 터라 그간 꾸준히 고민해온 저만의 개똥철학이에요.

'당신은 타인을 사무치게 사랑해본 적이 있는가. 대신 죽어줄 수 있는가? 아니, 그게 오히려 나를 살게 만든다면? 단순히 목숨을 내놓아줄 수 있는 정도에 그치지 않고, 내가 살아야 하는 이유 및 내가 하는 모든 행동들의 원동력이 바로 그 사람이라고 여겨본 적이 있는가.'

제가 앞으로 어떤 사랑을 할 것이고, 남들은 어떤 사랑을 하

고 있는지 전혀 고려하지 않은 상태에서 지금 이렇게 말하는
건 오만할 수 있겠지만 제가 사랑하며 느낀 것들이에요.

저는 사람을 정말 많이 좋아해본 적이 있어요. 한 사람을, 정
말 오랫동안이요. 제가 사랑에 대한 정보가 꽤 많은 편이라고
얘기한 데엔 나름 이유가 있었어요. 사실 이 말마저 아빠에겐
웃기는 이야기겠죠. 그저 '사랑에 대해 느낀 점이 많다'라고
다시 정정할게요.

처음 좋아해본 사람이었어요. 어린 나이였지만 한 사람을 오
래 좋아하면서 정말 많은 걸 배워갔던 것 같아요. 사실 그게
모든 것의 시작이었죠. 사랑을 하면서 마음속 감정들을 배우
고, 나에 대해 더 깊이 알아갔던 것 같아요. 사랑만 느낀 것이
아니라, 희로애락을 느끼며 나라는 사람이 풍부해졌던 것 같
아요. 나름 삶의 기준들이 생기고 가치관도 틀이 잡혔던 것
같아요. 저에게 행복은 그 사람과 함께 하는 거였죠.

그 친구는 제가 그 행복을 위해 앞으로 나아가게 만드는 그런
사람이었어요. 제 원동력이자 살아야 할 이유였죠. 제가 가
장 좋아했던 제 모습은 그 사람 곁에 있을 때의 나였던 것 같

아요. 나를 가장 나다워질 수 있게 만드는 사람이었다고 말할
수 있을까요. 나 자신을 사랑하게 만든 것도 결국 그 사람이
었던 거죠. 현재의 제가 형성이 된 것도 그 사랑 덕분이었어
요. 그러니 모든 것의 시작이었던 거죠.

그래서 사랑이란 감정은 모든 감정을 포용하는 감정 같아요.
모든 감정들은 사랑이란 감정의 울타리 안에 속해 있는 느낌,
그리고 사랑은 가장 많은 형태를 갖고 있는 감정 같기도 해
요. 모든 감정은 사랑으로부터 파생되고, 인간은 사랑하면서
결국 모든 감정들을 터득해가는 것 아닐까요?
가히 사랑한다는 것은 인간이 누릴 수 있는 최고의 행복일 것
같아요. 가장 풍부한 감정을 느끼는 것이 인간이 받은 최고의
축복이 아니면 무얼까요? 이 얼마나 아름다운 일인지. 매 순
간 사랑하며 살기도 바쁜데, 그래서 혐오에 투자할 기력이 없
어야 할 것 같은데 말이죠.

'모든 순간 사랑을 하고 싶다. 모든 순간 사랑을 할 것이다.'
이런 제 바람은 과연 가능한 걸까요? 너무 이상적일까요? 글

쎄요. 저는 때로는 열병과도 같은 사랑도 하고 싶고, 성숙한 사랑도 하고 싶어요. 평범한 사랑도 하고 싶고, 특별한 사랑도 하고 싶어요. 얕은 사랑도 하고 싶고, 깊은 사랑도 하고 싶거든요.

저는 사랑이 미디어에서 비춰지는 것처럼 아름답고 운명적이지 않을 수 있다고 생각해요. 하지만 저는 아직 젊잖아요. 직접 이런 사랑도, 저런 사랑도 찬찬히 경험해보고 후회 없이 다음 형태의 사랑으로 넘어갈래요.

너무 독백 같은 사랑 타령을 하다 보니까 문득 아빠의 사랑관도 듣고 싶어지네요.

2025년 1월 22일
다함 올림

아
빠

사랑을 일생 모토로 삼는 멋진 아들에게,

오랜만에 네 편지를 받고 참 오랫동안 마음이 따뜻해졌다. 네
가 20여 년간 경험해온 사랑의 굴곡들이 너에게 참 많은 깨
달음을 준 것 같아서 대견하기도 하고, 벌써 성숙한 어른이
된 막내의 모습을 보는 기쁨도 있었단다.
네 사랑의 정의는 참 인상적이었어. 너는 네가 "사랑하는 사
람들은 내 존재의 일부"라고 했지. 결국 네가 진정 사랑하는

사람은 네 자신이라고 말이야. 그러니 네게 사랑이란 너와 상대방이 하나가 되는 느낌이랄까?

너도 알다시피 아빠와 엄마는 이제 머리가 희끗희끗 하얘지는 나이가 되어가지만, 아직까지도 서로 아주 닭살 돋는 호칭을 고수하고 있지. '자기(自己)'라는 호칭 말이야.
엄마를 만나 결혼한 지 30년이 훌쩍 넘었지만, 이 호칭은 정말 의미 있고 네 말처럼 '철학적인' 호칭 같아서 좋아하는 말이라 지금까지 엄마를 부를 때 사용해왔다. 이 호칭에는 네 사랑의 정의처럼, 상대방을 나의 존재 그 자체라고 여기는 의미가 담겨 있지 않니? 상대방을 내 자신, '자기'라고 부르는 거니까 말이야.

아빠가 엄마에게 본격적으로 사랑을 고백해야겠다고 마음먹으면서 엄마에게 시집 한 권을 선물했어. 책 제목으로 내 속마음을 고백하고 싶어서였지. 『나도 보이지 않는 곳에서 너만큼 기다렸다』라는 시집이었는데, 이생진 시인이 1975년에 펴냈던 시집 『자기(自己)』를 1980년에 다시 출간한 책이었어. 시집은 '자기'라는 소제목을 붙인 77편의 시를 담고 있었단다.
아빠는 엄마에게 선물로 준 시집의 맨 앞 장에 이생진 시인의
시 한 편을 손편지처럼 적었어. '부재'라는 제목의 시였지.

나를 있게 하던 그 사람이

나를 없게 하던 그 날부터

내가 찾아다니던 것은 그 두 사람

나보다 더 찾고 싶은 것은

나를 있게 하던 그 사람

시인이 말한 '그 두 사람'은 누굴까? 아마도 그 두 사람은 나
를 있게 하던 그 사람과 어느 날 없어진 나 자신일거야. 그래
서 시인은 '(없어진) 나보다 더 찾고 싶은 것은 나를 있게 하던
그 사람'이라고 노래했겠지.
이 시는 마치 네가 개똥철학자라면서 정의를 내린 그 사랑과
너무도 닮은 것 같다. 그렇지 않니? 그래서 다화이의 사랑 정
의를 처음 읽으면서 아빠는 정말 깜짝 놀랐어. 아빠가 20대
에 떠들었던 사랑 타령을 데자뷰처럼 보는 느낌이었다고나

할까? 아빠가 엄마를 '자기'라고 30년 넘게 불러온 이유도 이 호칭이 엄마는 '나를 있게 하던 그 사람'이라는 의미를 담고 있는 것이라고 생각해서야.

운명 같은 사랑의 비밀 _____

우리는 가끔 사랑하는 사람을 만나는게 운명 같은 일이라고 여길 때가 많은 것 같다. 그런데 그런 운명 같은 사랑은 완전한 모습으로 우리에게 선물처럼 주어지는 건지, 아니면 우리가 스스로 운명 같은 사랑을 만들어가야 하는 건지 헷갈릴 때가 많지.

그런데 아빠 생각에는 오히려 운명 같은 사랑이야말로 모든 것이 완벽하게 완성되어 찾아오는 것이 아니라, 우리가 시간을 들여 애써 만들어가야 하는 미완성인 것 같더구나.

예전 아빠의 할아버지, 할머니 세대에만 하더라도 '정혼(定婚)' 제도에 의해 배우자를 만나는 경우가 참 많았단다. 정혼이란 배우자를 내가 선택하는 것이 아니라, 가족이나 부모들

이 이미 정해 놓은 상대와 결혼을 하는 거지. 우리나라 역사
책에 보면, 왕가에서 그런 정혼을 하는 경우가 많이 나오지만
옛날에는 일반인들도 이렇게 가족이 정해주는 결혼을 하는
경우가 종종 있었단다.

지금 생각해보면 약간 잔인한 제도 같지 않니? 모르는 사람
이랑 아무런 감정도 없이 결혼하는 것이니 말이야.

그런데 말이다, 인류학자들의 보고에 따르면 아직도 이런 정
혼 제도를 유지하고 있는 문화권이 꽤 있다고 하더구나. 더
놀라운 사실은 이런 문화권에서 정혼을 한 부부들을 살펴보
면, 이혼하는 경우가 전무한 경우도 있고 연애 결혼으로 배우
자를 선택하는 문화권에 비해서 이혼율이 현저하게 낮다는
보고를 하고 있단다.

이상하지 않니? 어떻게 정혼한 부부들이 사랑하는 사람을 스
스로 배우자로 선택해 연애 결혼한 부부들보다 이혼율이 훨
씬 더 낮은 건지? 아마도 정혼을 통해 결혼한 부부들은 금실
이 좋아서 이혼율이 낮은 것이라기보다는 좋든 싫든 그냥 의
무감으로 사는 것은 아닐까 짐작해볼 수도 있을 거야.

그런데 아빠는 조금 생각이 달라. 정혼으로 정해진 배우자를 만난 이들이 결혼을 할 때, 서로에 대해 잘 모르는 상태에서 부부 생활을 시작하는 것이 오히려 두 사람의 관계 형성에 꽤 긍정적인 자산이 될 수도 있다고 생각한 거야. 정혼을 통해 상대방을 배우자로 삼은 경우, 상대방에 대해 천천히 알아가는 시간이 필요하지. 그래서 두 사람에게 계약인지 운명인지 갑작스레 찾아온 부부 관계는 처음부터 하나씩 스스로 만들어가는 과정인거야.

이에 비해 연애 결혼한 배우자들은 꽤나 쉽게 반대의 길을 가게 된단다. 이미 서로를 너무도 잘 안다고 생각하고 부부가 된 후에 뜻밖에 서로 간 이질감을 느끼게 되면, 갑자기 당황스러워지고 자신의 선택이 잘못되었던 건 아닌지 반추하고 때로는 후회하게 되는 경우가 생기니까 말이야.

그래서 정혼을 통해 결혼한 부부와 연애를 통해 결혼한 부부는 싸우는 방식도 다를 수밖에 없다고 생각해. 정혼에 의한 부부관계는 아직 철저하게 미완성이니까 배우자에 대한 성급한 판단을 더디 하고 잘잘못을 따지기보단 상대방을 알아가는 시간을 좀더 가지려 하지 않았을까?

거기에 비해 연애 결혼한 부부들은 상대방을 자신들이 가장 잘 안다고 여기기에 싸움은 쉽게 잘잘못을 따지는 법정처럼 변한단다. 그래서 상호 판단의 끝이 안 좋을 수도 있는 거지. 우리가 사랑하는 대상을 전부 안다고 생각하는 것이야말로 참으로 어리석은 판단인 것 같다. 어쩌면 우리가 사랑하는 사람은 끝까지 우리가 궁금해해야 하는 대상, 우리가 온전히 이해할 수 있도록 노력을 경주해야 할 신비의 존재로 여기는 것이 훨씬 중요한 일일 것 같다.

다함아, 너는 영어 표현 중에 자신의 배우자를 'My better half'라고 부르는 호칭이 있는 걸 아니? 내 자신이 반쪽이었고, 상대방을 만나 나머지 반쪽이 채워지는 것이라고 여기는 신념에서 비롯된 명칭이지. 게다가 새로이 채워지는 반쪽을 내 기존의 반쪽보다 훨씬 귀하게 여기는 마음까지 내포되어 있는 표현이 아닐까?

정혼 제도로 결혼한 아빠의 외조부와 외조모는 90세가 넘도록 서로 사랑하며 금실 좋은 부부로 사셨단다. 그 비결은 뭘까 한번 생각해봐. 그건 아마도 끝까지 자신의 반쪽을 자신을 온전하게 채워주는 존재로 여긴 것이 운명 같은 사랑을 무려 70년 이상 만들어간 백년회로의 비결이지 않을까?

사랑은 낯선 자를 위한 빈자리에서부터 _____

다함아, 아빠는 우리가 연인과의 사랑만 염두에 두지 말고, 사랑의 범위를 조금씩 넓혀가야 한다고 생각해. 가족이나 친구, 그리고 오늘도 우리와 함께 이 땅을 살아가는 사람들로 말이야.

물론 결코 쉽지는 않은 일일 거야. 지난 번 편지에서 자기 자신을 온전히 받아들이는 용기에 대해서 이야기한 것, 기억나니? 우리는 누구를 만나든지 처음부터 진정한 자기 자신으로 만나는 것이 거의 불가능에 가깝다고 아빠는 생각해. 왜냐하면 자신의 있는 모습 그대로를 보이면 상대방에게 부정적인 평가를 받거나 오해받을 것 같은 두려움이 늘 자리 잡고 있어서야. 그러니 자신의 진짜 모습을 살짝 감추는 '가면'을 쓰고 만날 수밖에 없겠지. 우리의 마음속 내면이 주택이라면 '진짜

자기'가 자리 잡고 있는 방과 가면을 쓰고 있는 '가짜 자기'가
사는 방으로 나뉘어 있다고 상상해볼 수 있지.

상담실을 찾아오는 내담자도 마찬가지다. 심리상담사가 자신
을 해칠 수 있는 나쁜 사람이라고 여기지 않더라도, 내담자가
처음부터 자신의 모습을 있는 그대로 드러내는 건 불가능한
일이야. 때로는 심리상담사에게 어느 정도까지 자신의 진짜
모습을 내보일 수 있을지 꽤 오랜 시간 살피기도 하지. 내담
자에게 이렇게 '가면'을 쓰고 심리상담사를 만나는 시간이 점
점 길어진다면 상담 과정은 제자리걸음을 하기 일쑤란다.
그런데 상담이 본 궤도에 들어갈 수 있도록 만드는 첩경이 뭔
지 아니? 그것은 바로 심리상담사 스스로가 자신의 '가면'을
벗어버리는 일이란다.
아니, 전문가인 심리상담사도 가면을 쓰냐고? 물론이야. 상담
분야의 꽤 숙련된 전문가인 척, 그리고 내담자가 몇 마디 안
해도 다 알아들은 척하는 가면을 쓰게 마련이지. 그런데 아이
러니하게도 내담자가 심리상담사에게 마음의 문을 열고 신뢰
를 가지게 되는 변곡점은 심리상담사가 내담자의 마음을 다

알고 있는 척하지 않고 내담자의 내면에 깊은 궁금증을 가지고 다가올 때란다. 그러니까 내담자가 마음의 문을 여는 순간은 심리상담사가 자신이 모든 걸 이미 다 알고 있는 '최고의 전문가'라는 가면을 벗어던지는 순간인 거지.

그 이유가 뭔지 아빠가 곰곰이 생각해보았어. 아빠 생각엔 최고의 전문가라는 가면을 쓰게 되면, 자꾸 상대방에 대한 궁금증을 가지기보다는 이미 자신이 확보한 정답만을 확인하려고 하는 것 같더구나. 자신이 전혀 알지 못하는 타인의 마음을 탐색하는 전문가라면 충분한 의구심과 호기심을 가지고 상대방의 마음에 조심스레 접근하려는 노력이 필요하거든. 사랑하는 연인에게도 그런 태도가 필요한 것처럼 말이야.
그런데 자꾸 전문가 가면을 쓰면 상대방에 대해 잘 알지 못하는 자신의 모습을 받아들이기 어려워진단다. 그래서 몰라도 자꾸 아는 척을 하게 되는 거지.

아빠는 스스로 이런 전문가 가면을 벗기 위한 묘안으로 내면에 '낯선 자(stranger)의 자리를 마련하는' 상상을 시작하기로 마음먹었어.

아빠가 자격증을 취득하고 상담에 대해서 꽤 많이 안다고 생각했던 시절에는 내가 알지 못하는 내담자의 모습을 받아들이기가 참 어려웠거든. 그래서 조금만 익숙한 모습을 발견하면 '아, 이 사람은 지난달에 내가 만난 내담자와 비슷한 유형이네' 하면서 신속하게 결론을 내리고 말지. 그래서 더 이상 지금 내 앞에 있는 내담자의 내면에 더 궁금증을 가지지 않아도 되는 거야. 아빠의 내면에는 낯선 자를 위한 공간이 전혀 없었던 거지.

아빠는 누구를 만나도 익숙한 내담자여야만 했어. 그래야 최고의 전문가 가면을 유지하는 데도 무리가 없었던 거지. 이런 태도는 정말 심리상담가로서 최악의 모습이란다.

그래서 아빠는 상담할 때마다 아빠의 내면에 방이 있다면, 한 방에는 아빠의 '가면'들이 살고, 진짜 아빠의 민낯의 모습이 머무르는 방도 있겠고, 또 하나의 방엔 아빠가 늘 만나야 할 낯선 자가 반드시 머물러야 하는 빈방이 존재한다고 상상했던 거야. 이런 상태를 '환대(hospitality)'라고 부른단다. 내 마음의 방에 늘 낯선 자를 초대하고 머무를 방을 미리 마련해두는 거야.

환대의 반대말은 '박대(inhospitality)'겠지. 내 인식의 틀 바깥에 있는 낯선 이들은 다 밀쳐내고 판단이 빨라지는 상태가 바로 마음의 '박대' 상태인 거야. 사실 인종 혐오를 비롯해 모든 혐오는 박대의 마음 상태에서 생기는 것 같다. 그런 의미에서 요즘처럼 다양한 이질성이 존재하는 다원화 시대에 사랑의 전제조건은 바로 환대의 마음일 거야.

아빠는 지난 수십 년 동안 상담 수련생 제자들에게 좋은 상담사가 될 수 있는 유일한 길은 다름 아닌 내담자를 사랑하는 것이라고 말해왔단다.

아니, 내담자와 연애를 하라고? 당연히 그런 얘기는 아니겠지. 그럼 연애하는 대상은 아니더라도 심리지원 서비스를 제공해야 하는 내담자에게 사랑을 주라고? 너무 생뚱맞은 주문 같지? 하지만 거기에는 몇 가지 숨겨진 진실이 있어.

우리가 사랑에 빠진 대상에게 반드시 취하는 태도가 있거든. 뭔지 아니? 그 사람을 다 알고 있다고 자만하지 않는 태도야.

한 사람을 사랑하기 시작한다는 것은 그 사람에 대해 궁금해지기 시작했다는 거야. 그래서 더 많은 시간을 보내려고 하고, 상대방이 남들에게 숨기고 싶어 하는 은밀한 정보까지도 공유하려고 하지. 그러다가 어느 순간 그 사람을 다 파악하게 되었다고 믿고, 판단하기 시작하면 둘 사이의 사랑에도 금이 가기 시작한다. 그 판단의 끝은 비난이 되기 쉽거든. 심지어는 내담자들 중 한때 죽도록 사랑했던 두 사람이 이런 결론에까지 이르는 경우를 아빠는 참 많이 경험했단다.

"내가 너를 모를 것 같아? 너보다 내가 너를 더 잘 알아! 너는 최악이야!"

아빠의 정의로는 사랑이란 상대방을 알아가는 과정 그 자체이지, 마침내 상대방에 대한 정답을 확신해야만 끝나는 미션과는 거리가 먼 것 같다. 아빠에게 부부상담을 청하고 상담실에 와서도 싸우는 부부들을 보면 상대방에 대해 자신이 다 알고 있는 듯 가정하고 비난하고 정죄하는 경우가 대부분이더구나.

사랑한다는 것은 어쩌면 자신의 존재라는 스케치북에 빈 공간을 마련하고 상대방의 모습을 조금씩 채워가는 일이 아닐

까? 그래서 우리가 사랑을 시작한다면, 우리의 내면은 낯선
자를 초대할 빈 공간이 반드시 있어야 해.

사랑은 감정일까? 의지일까? _____

누군가와 사랑을 하다 보면 네 말처럼 온갖 감정을 다 경험하
게 되는 것 같다. 떨리기도 했다가, 실망도 하게 되고, 거절감
을 강하게 느끼다가도 온 천지를 얻은 듯 신나는 일이 생기기
도 하지.

행복을 논하는 철학자들은 한때 행복을 인생의 목적인 것처
럼 주장한 적이 있다만, 최근 심리학자들은 "행복은 결과가
아니라 과정"이란 말을 자주 한다. 행복이란 인생 마지막에
이룩하는 성과가 아니라, 매일매일 일상중에 마주하는 정서
적 경험의 합이라고 주장하게 된 거지. 그래서 '행복감(感)'이
라는 말을 더 자주 사용하는 것 같다. 일상중 느끼는 감정의
합이 행복의 기초가 된다는 말이겠지.
아빠는 행복이 반드시 긍정정서만을 의미하지는 않는다고 본

다. 아빠는 감정에 대한 연구도 하고, 책도 출간하면서 줄곧 감정을 긍정과 부정으로 나누어 정의하는 것을 반대해왔다.

그 이유는 이런 거야. 긍정이라고 하면 꼭 필요한 감정일 것 같고, 부정이라고 하면 왠지 버려야 할 것 같이 느껴지지 않니? 실제로 감정을 군이 분류하자면, 쾌감을 주는 감정과 불쾌감을 주는 감정으로 나눌 수 있거든. 그래서 쾌감을 주는 것을 긍정정서라고 보고, 불쾌감을 주면 부정정서라고 분류하기 쉽지.

그런데 말이다, 문제가 있어. 여름이 되면 불볕더위로 땀을 흘리는 것이 불쾌지수를 높여 부정정서를 유발한다고 평가할 수 있겠지만, 한겨울 혹한기 훈련중 산속에서 숙영을 하는 너에게는 땀 나는 더위가 최고의 쾌감을 줄 수 있으니 갑자기 긍정정서로 바뀌지 않겠니? 그러니 상황과 여건에 따라 부정정서가 긍정정서로 바뀌기도 하고, 그 반대도 얼마든지 가능하단다.

때로는 사랑하는 사람과 함께 연대하며 느끼는 부정정서가 최고의 행복감을 주기도 한다. 만약 요즘 같은 겨울 날 야외에서 사랑하는 사람과 캠핑 텐트 안에서 자야 한다면, 분명 추위는 불쾌감을 주는 부정정서를 유발한다. 하지만 사랑하는 사람에게 내 겉옷을 벗어주고 꼭 안아주면서 상대방에게 따뜻함을 제공할 수 있다면, 추위가 그리 나쁘게 다가오지 않는다. 추위 가운데서 사랑하는 대상과 함께 나누는 연대감은 어쩌면 최고의 긍정정서가 될 수 있기 때문이야.

불쾌감을 주는 부정정서마저도 긍정정서로 바꿀 수 있는 사랑의 힘은 과연 무엇일까? 이건 인간만이 가능한 공감의 힘이라고 아빠는 생각해. 오로지 생존의 법칙만 작용하는 동물의 세계에서 공감의 행위를 찾자면, 자식을 보호하려는 어미의 행동을 제외하면 다른 개체 동물을 위해 희생하면서 연민을 느끼는 경우는 거의 없는 것 같다.

일부 동물학자들은 인간만큼은 아니지만, 그래도 원초적인 수준에서 포유류 일부 동물들이 보여주는 연민의 행동을 발견할 수도 있다고들 하더구나. 예컨대 일어서기 힘들어 비틀거리는 코끼리를 옆에 있는 코끼리가 기대도록 도와준다든지, 그물에 걸린 돌고래를 옆에 있는 다른 돌고래가 그물에서 벗어날 수 있도록 도와주기도 한다는 거지.

그런데 오로지 인간에게만 가능한 연민의 경지는 어느 정도
일까? 가장 큰 불쾌감을 주는, 가장 강력한 부정정서마저도
함께 나누고 공감하려는 사랑의 연대가 가능하다는 점이 분
명히 포유류 동물과는 구별되는 점이야.

신경생물학자들의 분석에 의하면, 우리 인간에게 공감이 반
드시 필요한 이유는 다른 포유류 동물에 비해 독립적인 개체
생존이 불가능한 인간의 생물학적 여건과도 밀접한 상관이
있다고 본단다. 대개 포유류 동물은 태어나자마자 자신의 발
로 움직이는 경우가 대부분이지. 하지만 인간은 그런 일이 가
능하려면 거의 일 년 정도의 시간이 필요해.

그냥 시간만 필요한 걸까? 절대 아니지. 혼자서는 아무것도
할 수 없는 영아들을 돌보고 사랑하면서, 감정을 조율해주는
애착대상이 반드시 필요한 거야. 주로 부모님들이 그런 대상
이겠지. 영아기 때 우리와 눈 맞춰주고 우리의 정서를 적절하
게 조율해주는 공감이 우리의 사회적 생존에 절대적인 역할
을 하게 되는 거야. 그래서 성인이 되어서도 우리에게 공감은
바로 '숨쉬기'와 같은 역할을 한단다.

그래서 아빠는 공감을 '영혼의 숨쉬기'라고 부르지. 코로 숨만 잘 쉬면 생명이 유지되는 건 생물학적 사실이지만, 만약 공감을 전혀 받지 못하는 사람이 있다면 그의 사회적 생명은 위험한 수준에 빠진단다. 영혼의 숨이 턱 막히기 때문이야.

포유류 동물들이 자살한다는 얘기는 많이 못 들어봤을 거야. 하지만 인간은 영혼의 숨이 막히면, 스스로 목숨을 끊는 비극적인 일도 감행할 수 있는 거란다.

가끔 MBTI 성격유형 검사 결과 자신은 사고(T) 유형이라는 사람들이 "자신은 공감과는 거리가 멀다"고 주장하는 경우가 있단다. 하지만 아무리 최강의 사고형 인간이라도 위기의 순간이 와서 심히 외롭고 우울감에 빠질 때가 있겠지. 아무리 합리적인 해결책에 능한 사고형 인간이라도 그 순간 누군가 자신에게 꼬치꼬치 따져 묻기만 하면 바로 뚜껑이 열리고 말 거야.

누구나 영혼의 숨이 막히는 순간에 자신이 사랑하는 사람에게 공감받길 원하는 건 성격유형 T/F와는 전혀 상관없는 거란다.

다함아, 진정 사랑하는 사람과의 공감의 관계란 단순히 긍정
정서만 나누는 관계가 아니란 것을 꼭 기억하렴. 최근 일부 젊
은 부모님들은 자신의 어린 자녀들이 일체의 부정정서도 느끼
지 않도록 하는 것만이 사랑이라고 여기는 경우가 있더구나.

일본에는 학교에 가지 않아도 된다며 자녀의 등교를 막는 부
모님들도 많다고 하는구나. 우리 한국에서는 학생들이 한 달
이상 학교에 가지 않을 경우 '등교 거부'라는 용어를 종종 사
용하는데, 일본은 등교를 거부하는 학생들에게 부정적인 이
미지를 씌우지 않으려고 '부등교(不登校)'라는 용어를 쓴다고
해. 일본에서 학교에 30일 이상 가지 않는 '부등교' 초·중학
생의 숫자가 11년간 매년 증가하더니, 2022년에는 무려 34
만 명에 이르렀다고 해.

여기에는 부모들의 엇나간 사랑도 한몫했다고 아빠는 생각했
어. 왜냐하면 일본의 학교상담 관련 문헌을 보면, 어린 자녀
의 부모들이 학교에서 친구와의 관계나 선생님과의 관계에
서 조금만 불쾌감을 느껴도 차라리 집에서 공부하라며 자녀
를 과보호하는 경우가 늘어났다는 거야. 심지어 수학여행중
인 자녀의 전화를 받고 담임선생님에게 이런 전화를 하기도

한다는구나. "선생님, 우리 애가 친구들이랑 재미가 영 없다는데요. 신경 좀 써주세요."

부모의 과도한 '심기경호'는 과연 아이에게 도움이 될까? 이 아이는 과연 부모의 바람대로 긍정적인 감정상태만을 일상생활 내내 유지할 수 있을까? 과연 자녀가 좋은 감정만 느끼도록 하는 것이 가장 희생적인 사랑이라 일컬어지는 부모의 사랑인 걸까? 아빠는 그 반대라고 생각해.

예컨대 주변 사람들로부터 지탄받는 큰 실수를 범한 사람이 있다고 가정해봐. 이 사람은 생물학적인 목숨은 분명 붙어 있지만 자신의 사회적 생존은 이제 끝이라고 여기는 최악의 공포감을 느낄 수밖에 없을 거야. 이런 사람이 사회적 생존, 혹은 생물학적 생존을 이어갈 수 있는 유일한 방법은 그가 혼자 견디기 힘든 그런 부정정서까지도 함께 공유할 수 있는 사람을 만나는 일이라고 생각해. 때로는 그런 공포의 순간에도 사랑하는 사람이나 가족이 공감해줄 수 있다면, 우리는 오히려 긍정적인 사랑의 연대를 경험하면서 다시 회복탄력성을 가지고 되살아날 수 있는 거야.

이런 공감은 네가 말한 것처럼 상대방을 나의 일부, 나의 존
재의 반쪽이라고 여겨야 가능한 태도라고 생각해. 그래서 공
감을 '역지사지(易地思之)'라고 부르기도 하는 거지. 사랑하는
사람의 불행을 그저 나 아닌 타인에게 일어난 불행한 일이라
고만 여긴다면, 안타까워하는 수준의 동정(同情)이나 동감(同
感)에 그치고 만단다.

그러나 나와 상대방의 경험은 서로 이질적인 것이 아니라 하
나로 연결된 것이라고 여기는 태도가 있어야, 함께 아파하고
함께 울어주는 진정한 공감이 완성되는 것이라고 생각해.

그래서 아빠는 공감 능력이란 그저 생리적으로 자연 발생하
는 기질의 문제가 아니라고 생각해. 보통 자신의 성격유형이
사고형(T)이면 태어날 때부터 공감 능력이 적게 태어났다고
믿는 경우가 많더구나.

인간에게 오감(시각, 청각, 촉각, 미각, 후각)이 있고, 오감 이외
의 감각을 육감이라고 부르는 걸 들어본 적이 있을 거야. 그
런데 신경과학자들은 공감을 '일곱 번째 감각'이라고 부르기
도 한단다. 친구가 하품을 하면 너도 무의식중에 따라하게 될

때가 있었을 거야. 1990년대 신경과학자들은 우리의 뇌 안에 상대방의 행동을 거울처럼 비춰내는 '거울신경세포(mirror neuron)'가 있다고 가설을 세웠어. 그런데 인간은 상대방의 행동만이 아니라, 상대방에 대한 감정도 거울처럼 비춰낸다는 사실이 밝혀졌지. 이탈리아 연구팀은 하품을 따라하는 경우, 주로 상대방에게 호감을 느끼고 있거나 친한 친구인 경우가 많았다는 연구결과를 발표했거든.

최근 신경과학자들은 우리 뇌의 거울신경세포가 발달하면, 상대방의 고통까지도 자신의 고통인 것처럼 공감할 수 있도록 작동한다고 주장한단다. 인간에게 실제로 거울신경세포가 존재하는지 여부는 과학계의 오랜 논란이었지만, 최근 자기공명영상장치 실험 결과, 인간의 대뇌피질 전두엽 아래쪽과 두정엽 위쪽에서 거울신경세포의 것으로 여기지는 반응이 확인되면서 거울신경세포가 실제로 존재한다는 주장이 정설로 굳어지고 있단다.

이 말이 무얼 의미하는지 아니? 인간은 누구나 성별의 차이, 혹은 성격유형의 차이와 상관없이 뇌 안에 공감이 가능한 '일곱 번째 감각'을 소유하고 있다는 거야. 그런데 왜 공감 능력의 차이가 발생하느냐고? 사용하고 연습하지 않으면 그 감각은 미미해지거나, 거의 없는 감각처럼 무용지물이 되고 말지. 프랑스 동물학자 라마르크가 주창한 용불용설(用不用說), 즉 사용하는 기관은 점점 더 발달하고 사용하지 않는 기관은 점점 더 퇴화한다는 주장과 똑같은 이치란다. 공감을 연습하지 않는 사람은 자신이 이미 태어날 때 가지고 있던 거울신경세포를 점점 퇴화시키고 있는 중인 거야.

그래서 아빠는 공감이란 우리가 마음먹고 연습해 습득하는 실천의 영역이라고 여기는 거지. 그래서 태어날 때부터 공감이 잘 안 된다고 믿는 사람들에게 메시지를 전하기 위해서 『공감에도 연습이 필요합니다』라는 책을 쓰기도 했어.

우리가 공감이 부족하다면 원래 그렇게 태어난 게 아니고 연습이 부족한 거야. 공감이란 절대로 감정의 문제가 아니라 의지의 문제, 실천의 문제라고 보기 때문이야.

사랑하는 사람과 긍정정서는 물론이고 최악의 부정정서라도 함께 느끼겠다는 태도와 의지, 그리고 연습만이 우리를 최고의 행복감으로 이끌어주리라고 확신한다.

세상에 대한 사랑도 연습할 수 있다면 _____

아직 20대 초반의 청년인 다함이가 평생 사랑만 하면서 살아
도 모자랄 테니, 혐오할 시간은 낭비라고 여긴다는 언급은 정
말 감동적이었다. 물론 실천은 참 어렵겠지만 말이야.

아빠가 이제 60세를 바라보면서 매일매일 꼭 실천하고 싶은
연습이 하나 있다. 나와 나를 둘러싼 세상과 타인들을 분리하
지 않으려는 마음가짐이야. 아빠가 60년 가까이 살아보니까
혐오의 시작은 나와 타인을 구별하기 시작할 때부터이더라.

아빠는 상담학자이자 신학자이니까, 가끔 신적인 특성을 추
구하는 인간의 영성(靈性)에 대해 생각해본다. 종교의 역사를
보면, 진정 영적인 사람은 다가올 미래를 미리 예측하고 초자
연적인 기적을 베푸는 신비주의자들이 아니었단다. 거룩한
성인이라고 추앙받는 사람들의 공통점은 자신과 세상을 구별
하지 않고 모두를 사랑하고자 하는 마음을 지녔다는 점이다.
세상과 자신이 하나일 때, 세상은 그저 내가 판단하고 인식해
야 할 대상으로만 끝나지 않는단다. 세상은 내가 아끼고 돌보

고 책임져야 하는 사랑의 대상으로 변하기 마련이지.

아빠가 말하는 거룩한 영성이란 특정 종교에 대한 믿음과는
달라. 영성이란 바로 자신과 자신을 둘러싼 세상 전체를 하나
로 인식하고 공감하고 사랑하는 힘이란다. 우리가 살아갈 시
대는 바로 이런 사랑의 영성을 가진 이들을 간절히 원하고 있
다고 생각해.

아빠는 다함이가 사랑하는 대상을 연인, 가족, 친구 등 주변
인들에만 그치지 않고 더 확장된 개념으로 이해하고 세상을
마음껏 사랑할 수 있기를 바란다. 네가 딛고 사는 이 세상에
사는 이들 모두가 너와 연결된 존재라고 여긴다면 지구 반대
편에서 네가 잘 모르는 사람들이 받는 고통도 함께 느낄 수
있는 거지.

네가 공감할 수 있는 고통의 대상이 확장될수록 너를 구성하
는 내면도 그만큼 확장될 수 있단다. 네가 깊이 사랑하는 대
상과 너를 네 존재의 영역에서 구별하고 나눌 수 없는 것처럼
말이야.

아빠는 아들이 그런 공감을 연습하는 마음의 공간을 지금부터 조금씩 확장해보라고 부탁하고 싶다. 아직 너는 그런 공감을 연습할 수 있는 많은 시간이 남아 있으니까 말이야. 아빠처럼 나이 든 꼰대가 이런 연습을 하자니 참 많이 힘이 드는구나.

아빠는 젊은 시절부터 너무 많이 나누고 분류하다 보니 분절의 습관이 마음 깊이 남아 있어 더욱 힘든 것 같다. 남과 북을 나누고, 동과 서를 나누고, 좌와 우를 나누고, 진보와 보수를 나누는 일이 쉼 없이 이어졌지. 그래서 나누는 것이 일상이고, 어느 한 편에 서는 일이 필수라고 여겼던 것 같다.

그런데 이제 와서 돌이켜보니 이런 분열과 갈등의 역사는 강화되고 심화될 뿐 변화는 전혀 꿈꿀 수 없는, 점점 어두워지는 세상이 되고 마는 것 같다.

네 말대로 너는 아직 젊은 청년이고, 앞으로 여러 형태의 사랑들을 하고 싶어 하니까 사랑의 대상을 세상까지 무한 확장해보길 바란다.

지난 번 편지에서도 이야기한 것처럼 세상의 모든 영역을 한꺼번에 다 포함하려 들지 않더라도 괜찮다. 주변 1미터부터 시작하는 거지. 너와는 직접적인 아무런 관련이 없더라도, 주변 한 사람의 고통을 마치 너의 고통처럼 느끼려고 애쓰는 것부터 시작해보려무나.

최근 한국인 최초로 '노벨 문학상'을 수상한 한강 작가가 2024 노벨상 시상식 연회에서 했던 소감이 떠올랐다. 한강 작가는 어린 시절 다른 사람들과 하나가 되었던 특별한 경험을 소개하며, 이를 글 쓰는 일에 비유하더구나.

8세 때 갑자기 쏟아진 폭우에 건물 처마 밑에서 비를 피하는데, "길 건너편 건물 처마 아래서 비를 피하는 사람들을 보니 거울을 보는 기분이 들었다"면서 "모든 사람들이 저마다 '나'로서 살고 있었다"고 회상했지. 그러면서 "이는 경이로운 순간이었고, 수많은 1인칭 시점을 경험했다"고 했어. 한강 작가의 글쓰기 연습이 바로 이런 태도로부터 시작되었던 것 같더구나.

한강 작가는 그 어린 시절부터 자신의 거울신경세포가 최대치로 활성화되도록 연습하고 또 연습했던 것이 아닐까? 아주 어린 시절, 길 건너편에 있는 낯선 이들과 내가 연결되어 있다고 느끼는 연습, 그 연습이 공감과 연대의 마음으로 세상의 고통을 나의 고통으로 마주하는 그만의 문학을 완성할 수 있게 한 힘이 되지 않았을까?

다함이도 그런 사랑의 연습, 공감의 연습, 연대의 연습을 지금부터 시작해보길 강력하게 추천하고 싶다. 분명 그런 연습이 네가 장차 어떤 일을 하든지 세상과 너를 긴밀하게 연결하는 매개가 되어줄 거야. 세상을 미워하고 등지고 사는 청년들이 많아진다면 우리가 사는 사회는 점점 더 어두워질 거다.
네 자신과 세상이 결코 나눠질 수 없다는 믿음을 바탕으로 주변의 낯선 이들에게 관심을 가지는 일부터 시작해보렴. 이건 네 말처럼 바로 우리 자신을 위한 일이기도 하겠다. 왜냐하면 우리 안에 낯선 자들을 환대하기 위한 공간이 이미 마련되어 있다면 세상 한 구석에 사는 낯선 이들을 돌보는 일은 결국 확장된 우리 자신을 사랑하는 일이 될 테니까.

아빠는 아침마다 기도한다. 다함이가 앞으로 살아갈 세상은 자기 자신과 전체를 하나로 여기는 영성을 가진 이들로 하여

금 더욱 살 만한 세상으로 변해가길! 그리고 다함이가 그런 세상에서 꼭 의미 있는 역할을 담당하길!

이제 몇 달만 있으면 제대하겠구나. 그 바쁜 와중에도 네 마음을 듬뿍 담은 편지를 보내준 일은 아마 오랫동안 아빠에게 최고의 선물로 추억될 거야. 그리고 네가 보내준 편지들은 평생 귀하게 여기고 간직할게.
사랑한다, 아들!

2025년 1월 31일
늘 아들을 응원하는 아빠가

나를 찾고자 하는 이들을 위한 철학수업

나답게 산다는 것

박은미 지음 | 값 19,000원

철학커뮤니케이터이자 철학박사인 저자는 인생에 던지는 철학적인 물음들과 '진짜 나'를 찾는 방법을 따듯하게 전한다. 나에게 가족이 미친 영향, 주로 의존하는 방어기제, 나의 원천서 등을 찾아 그동안 해결하기 어려웠던 마음의 문제를 해소하고 진정한 나다움을 찾을 수 있도록 돕는다. 이 책을 통해 '가짜인 나'의 모습으로 사는 것이 왜 불행한지, '진짜인 나'의 모습으로 사는 것이 왜 행복한지를 사유하게 됨으로써 '진짜 나'의 모습으로 사는 행복을 누릴 수 있을 것이다.

수백만 사람들의 마음의 상처를 치유한 REBT의 모든 것

위대한 심리학자 앨버트 엘리스의 인생 수업

앨버트 엘리스 지음 | 정유선 옮김 | 값 19,800원

세계 3대 심리학자인 앨버트 엘리스는 이 책에서 모든 정서적·행동적 문제의 근원이 '강박적인 당위적 사고'라고 말한다. 그러면서 자신과 타인, 삶의 환경에 스스로 부과한 '당위적 사고'를 찾아내 살펴보라고 조언한다. 이 책을 통해 자신과 비슷한 문제에 있는 상황과 자신의 심리적 문제 상황을 비교해보고 나의 부정적인 생각, 감정, 행동을 개선하는 데 도움을 받을 수 있을 것이다.

우울과 불안을 끌어안는 심리학

우울과 불안을 이기는 작은 습관들

임아영 지음 | 값 18,000원

임상심리전문가로 활동해온 저자는 우울과 불안이 위험에 대비하고 삶에 대한 성찰을 돕는 '적응적 기능'을 지녔다고 주장한다. 그는 이 책에서 '우울'과 '불안'이 발생하는 메커니즘을 설명하면서 그것을 대하는 인식의 변화를 촉구한다. 살아가는 동안 다양한 실패의 경험을 받아들이면서 균형을 찾는 게 가장 중요하다. 이 책을 통해 현실에서의 긍정성을 찾고 긍정과 부정 사이에서 삶의 균형을 맞추는 법을 배워보자.

소중한 딸에게 엄마가 보내는 편지

엄마가 딸에게 해주고 싶은 말

박미진 지음 | 값 15,000원

어른이 된다는 것은 무엇일까? 저자는 부모의 울타리를 넘어 자신만의 세계, 더 넓은 미지의 세계로 모험을 떠나는 일이라고 말한다. 불투명한 미래에 따른 두려움과 서툰 열정을 현명하게 다스릴 수 있는 소중한 인생비결이 이 책에 담겨 있다. 세상을 향해 망설임 없이 원하는 것을 요구하며 자신만의 인생을 펼쳐나가도 괜찮다고 말하는 이 책을 통해 우리사회의 청춘들은 당당하고 멋진 인생을 시작할 수 있을 것이다.

부모라면 10대 자녀들에게 꼭 해주고 싶은 말들

심리학자 아버지가 아들 딸에게 보내는 편지   김동철 지음 | 값 15,000원

부모가 10대 자녀들에게 꼭 해주고 싶은 말들을 편지 형식을 빌어 전달한, 10대의 성장을 돕는 책이다. 저자는 세 자녀를 둔 고민 많은 부모이자 소아청소년 심리전문가로서 모든 것이 귀찮고 작은 일에도 화가 나고 공부하기가 싫어 방황하는 우리 시대의 10대들에게 소통과 사랑, 꿈과 공부의 가치를 공감의 문제로 들려준다. 이 책은 정체성 혼란의 시기를 겪는 사춘기 아이들과 양육의 혼란에 빠진 부모들에게 좋은 길잡이가 될 것이다.

내 인생을 변화시키는 작은 습관의 힘

더 나은 나는 매일의 작은 습관으로 만들어집니다

장근영 지음 | 값 17,000원

이 책은 나쁜 습관의 폐해와 좋은 습관의 효과를 전부 경험해본 심리학자가 삶을 변화시키는 습관의 힘과 실천 가능한 습관 전략을 알려주는 체험 보고서다. 아주 사소한 습관이라도 매일 실천한다면 분명 인생을 극적으로 바꿀 수 있다. 지금 당장 시작할 수 있는 멘탈 습관과 행동 습관을 알려주는 이 책의 습관 솔루션을 마음 깊이 새기고 실천해보자. 내 삶의 균형을 유지하는 작은 습관의 나비효과를 몸소 느낄 수 있을 것이다.

나를 행복하게 하는 균형의 힘

나는 균형 있게 살기로 결심했다   이현주 지음 | 값 15,000원

이 책은 저자가 20년간 만나온 수많은 내담자들의 사례를 바탕으로, 삶에서 균형의 재조정이 필요한 시점에 대해 다룬 책이다. 번아웃이 찾아온 직장인, 인간관계에서 어려움을 겪고 있는 사람, 마음이 심란하고 '과연 나는 제대로 살고 있는 걸까' 의문이 드는 이라면 이 책을 통해 지금 내 마음의 균형은 잘 잡혀 있는지 확인해보자. 균형을 찾아가는 과정 속에서 우리의 내면은 좀더 확장되고 성장할 수 있을 것이다.

마흔이 되기 전에 꼭 버려야 할 것들

마흔 이후 멋지게 나이 들고 싶습니다   조은강 지음 | 값 15,000원

마흔은 '불혹'의 나이라지만 아직은 성숙한 어른이라고 당당하게 말하기엔 어딘가 부족한 느낌이다. 세상을 다 알 수 있는 나이가 아님에도 사회적 시선과 기대감도 20, 30대 때와는 다르다. 이 책은 마흔이라는 나이를 기점으로 만족과 자유를 얻을 수 있는 삶을 위해 멈춰야 할 것 마흔네 가지를 이야기하고 있다. 이 책을 통해 마흔 이후 멋지게 나이 들 수 있는 방법에서 더 나아가, 삶의 목표까지 발견할 수 있을 것이다.

미래를 결정할 십대의 좋은 습관 만들기

게으른 십대를 위한 작은 습관의 힘
장근영 지음 | 값 15,000원

이 책은 게으른 십대 시절을 보내고 심리학자가 된 저자가 자신의 경험을 토대로 알려주는, 습관이 가진 힘에 대한 이야기다. 심리학적 지식을 기반으로, 습관의 기본개념에서부터 생활습관, 마인드습관 등 인간의 행동심리와 갈망을 습관과 구체적으로 접목시키는 방식이 흥미롭다. 십대는 차츰 가족의 테두리에서 벗어나 자신만의 삶을 시작하는 시점이다. 작지만 좋은 습관들이 쌓여서 어느 순간 나의 삶을 충만하게 할 것이다.

성숙한 어른으로 살기 위해 다져야 할 마음의 기본기

감정에 휘둘리는 당신을 위한 심리수업
김세정 지음 | 값 15,000원

이 책의 저자는 상담심리전문가로 평소 많은 내담자들로부터 '나는 왜 이러는 걸까요?'라는 질문을 받았다고 한다. 그 질문에 대한 답인 이 책은 감정 중에서도 슬픔, 불안, 외로움, 무기력, 죄책감, 수치심, 분노라는 7가지의 부정적 감정을 주로 다룬다. 과거 자신이 부정적인 감정을 느꼈던 상황 속에서 어떤 반응을 했고, 그 안의 내면 메시지는 무엇이었는지를 따라가보자. 숨어 있는 진짜 나를 발견하고 어루만져줄 수 있을 것이다.

주변에 사람이 모여드는 관계 맺기 습관

이쁘게 관계 맺는 당신이 좋다
임영주 지음 | 값 16,500원

이 책은 '모든 것이 관계'이고, 기본에 충실한 사람이 좋은 인간관계를 맺는다는 생각을 바탕으로, 기본과 인간관계를 강조한다. 저자는 관계 맺기의 시작부터 잘 끝맺는 방법에 이르기까지 '이쁜 관계 맺기'를 위해 배워야 할 기술들을 실제 사례를 통해 알려준다. 관계심리 전문가인 저자의 노하우를 따라 이쁘게 관계 맺기 연습을 한다면 타인에게 쉽게 상처받지 않고 자존감을 유지하는 등 실전에서 행복한 관계를 이어갈 수 있을 것이다.

이유 없는 아픔은 없어

삶이 힘들고 지칠 때 심리학을 권합니다
박경은 지음 | 값 15,000원

질투, 서운함, 열등감, 분노 등 마음을 흩뜨리는 많은 부정적인 감정들로 스스로를 상처 내고 있는 사람들이 꼭 읽어야 할 책이다. 오랜 기간 심리상담을 해온 저자는 은밀하면서도 치명적인 삶의 상처에 대한 다양한 사례들을 담고자 했다. 책 속 사례를 통해 내면을 성찰하고 자신의 문제를 객관화할 수 있어야 한다. 이 책을 통해 당신의 아픔을 있는 그대로 들여다볼 수 있을 것이다. 삶이 힘들고 지친 이들에게 이 책을 권한다.

힘든 순간마다 철학이 건네주는 위로

사는 게 무기력하게 느껴진다면 철학

양현길 지음 | 값 18,000원

심리, 철학 주제로 10년 이상 도서 집필과 유튜브를 운영하고 있는 저자는 철학자들의 사유와 우리의 삶을 연결하여 삶을 풍족하게 만드는 길로 안내한다. 인생의 무의미함, 공허함 등 삶을 불행하게 만드는 요소를 철학적인 관점으로 다루고 오랜 시간 삶의 의미를 고찰하고 해석해온 철학자들의 지혜를 쉽게 이해할 수 있도록 서술하였다. 무의미함을 빌판 삼아 자기 성찰과 성장을 도모하고 철학자들이 건네는 질문에 대해 고찰한다면 내가 원하는 방향의 의미 있는 삶을 살아갈 수 있을 것이다.

〈타임〉 선정 최고의 자기계발서

데일 카네기의 인간관계론

데일 카네기 지음 | 정영훈 엮음 | 윤효원 옮김 | 값 11,000원

워런 버핏, 존 F. 케네디, 버락 오바마 등 세계적 리더들에게 많은 영감과 도움을 준 이 책은 '시대를 초월한 인간관계 지침서'로 평가받는 위대한 책이다. 그 이유는 인간의 본성을 꿰뚫는 예리한 통찰로 인간관계를 유지하는 데 실질적인 해답을 주기 때문이다. 메이트북스는 생소하고 시대에 맞지 않는 내용을 편역하면서 가독성을 높였다. 이 편역서는 독자들에게 주옥같은 내용을 다시금 되새겨볼 수 있고, 카네기의 철학을 만끽할 수 있는 기회를 제공할 것이다.

어떻게 살아야 행복할 수 있는가

톨스토이의 인생론

레프 톨스토이 지음 | 이선미 옮김 | 값 11,000원

레프 톨스토이는 세계적인 대문호이자 위대한 사상가이기도 하다. 그는 인생에 대해 끊임없이 고뇌하고 거기서 얻은 사상을 현실에서 구현하려고 노력했다. 15년에 걸쳐 집필한 결과물이 바로 이 책 『인생론』이다. 이 책은 톨스토이가 직접 쓴 글은 물론이고 동서양을 막론한 수많은 작품과 선집에서 톨스토이가 직접 선별한 내용을 담고 있다. 인생의 지혜를 톨스토이 특유의 짧고 간결한 문장으로 만나볼 수 있을 것이다.

자기를 온전히 믿고 살아가라

에머슨의 자기 신뢰

랠프 월도 에머슨 지음 | 황선영 옮김 | 값 12,000원

이 책은 인간이 자기 신뢰를 기초로 행동함으로써 더 나은 성취를 이룰 수 있다는 깊은 통찰이 담긴 에세이다. 에머슨은 '자신을 믿는 사람은 세계에서 가장 강한 사람'이라고 말한다. 자기 신뢰를 실천하면 내 안에 잠들어 있던 놀라운 힘을 발견하게 된다는 것이다. 이 책을 읽는 독자는 자신을 믿고 자신의 능력에 자부심을 가짐으로써 더 큰 성공을 얻고 만족스러운 삶을 살아갈 수 있을 것이다.